KB024578

어린 시절의 부모를 이해하는가

SEISHINKAI GA OSHIERU OYA O NIKUMU NO O YAMERU HOHO
Copyright ⓒ Yusuke Masuda 2023
Korean translation copyright ⓒ 2023 by Another Universe
All rights reserved.
First published in Japan in 2023 by KADOKAWA CORPORATION, Tokyo. Korean
translation rights arranged with KADOKAWA CORPORATION, Tokyo through
Eric Yang Agency Inc, Seoul.

이 책의 한국어판 저작권은 Eric Yang Agency Inc, Seoul을 통해
저작권자와 독점 계약한 또다른우주에 있습니다.
저작권법에 의해 한국 내에서 보호받는 저작물이므로
무단전재와 무단복제를 금합니다.

관계의 원형,
상처의 근원인
부모 이해의 심리학

마스다 유스케 지음
명다인 옮김

어린 시절의 부모를
이해하는가

또다른우주

들어가며

'가족 때문에 괴롭다'는 말을 꺼낼 수 있는 분위기가 마침내 형성되고 있다.

팬데믹으로 재택근무가 허용되면서 집에 있는 시간이 늘어났다. 집에 있는 시간이 늘어나면 가족과 함께하는 시간도 덩달아 늘어난다. 더 좋아질 수도 있지만, 너무 오래 함께 있으면 서로의 단점도 잘 보여 예민해지기도 한다. 원래 가족과 사이가 나쁜 사람은 물론, 사이가 좋은 사람도 지금까지 눈에 자주 띄지 않던 불쾌한 언행에 신경이 날카로워지고 이런 자신의 감정에 당혹스러워한다.

가족과 다시 마주하는 과정에서 부모와 관계가 어땠는지 기억을 거슬러 오르다 심란해지는 사람들도 많다.

임상에서 부모와의 관계 때문에 괴로워하는 사람들을 흔히 보게 된다. 스스로 자각하지 못하지만, 현재의 인간관계에서 겪는 어려움이 과거 부모와의 관계에서 기인한 사람. 어려서부터 부모와 떨어져 살았거나 부모가 이미 세상을 떠났는데도, 그들과 함께한 기억에 지배돼 눈앞의 행복을 긍정하지 못하는 사람. 내가 운영하는 '와세다 마음 클리닉'에는 이런 사람들이 많이 방문한다.

정신과 의사로서 수많은 내원자를 접한 경험에 따르면, '부모와 자녀 사이 문제'를 겪고 있는 사람들의 치료가 더 오래 걸린다. 똑같은 증상이라도 제대로 기능하는 가족에 속한 내원자가 더 빨리 회복한다.

정신적인 문제가 발생했을 때는 그제야 수면 위로 드러나는 다양한 어려움을 동시에 해결해야 한다. 부모와 사이가 나빠 의지할 수 없다는 현재 진행형 어려움뿐만이 아니라, 어려서 부모와의 관계가 형성될 때부터 문제가 있어, 가치관이나 감정을 느끼는 방식에 '왜곡'이 생긴 경우가 많다.

맨 처음 공을 던질 때 잘못된 자세로 배운 사람은 평생 올바른 자세로 던지지 못한다. 자세 교정 과정에서 '미숙하다'고 놀림받거나 괴롭힘당하며 상처 입을 수도 있다. 그릇된 타자상이나 자아상을 가진 내원자의 상황도 이와 같다. 인지 왜곡 교정은 의사나 임상심리사가 도와주어도 어려운 작업이다.

부모와의 관계는 한 인간의 '최초의 인간관계'다. 즉, 이후에 만나는 모든 사람과의 관계 형성의 기초가 된다. 친구, 학교 선생님, 직장 동료, 상사, 연인, 배우자 그리고 자녀와의 관계 모두 이 기초에서 출발한다.

이 책은 부모와의 관계에서 문제를 감지한 사람들 또는 현재의 문제가 부모와의 관계에서 비롯되었는지 확인하려는 사람들의 어려움을 덜어주고자 집필했다. 정신과 의사나 임상심리사에게 이러한 지식은 필수지만, 당사자 또한 지식이 필요하다. 성인이 심리 상담을 받을 때, 상담자는 대개 내원자의 부모를 그 사람의 진술을 통해서만 접하게 된다. 부모와 자녀 양쪽을 상담하는 경우는 거의 없기에, 내원자의 진술만으로 부모와의 관계를 유추할 수밖에 없는 것이다.

여러분의 부모는 어떤 사람이었는가?

자신과 얽힌 기억은 잠시 덮어두고 독립적인 개인으로 바라볼 때, 부모는 객관적으로 어떤 사람인가?

아이, 그중에서도 부모한테 상처받은 아이는 부모를 객관적으로 바라보지 못한다. 어른이 된 후에도 어린 시절의 관점으로만 부모를 바라본다면 그들을 온전히 이해하기 어렵다.

부모는 어떤 시대 배경에서 태어났고 어떤 환경에서 성장했을까? 어떤 고생을 하고 어떤 문제를 안고 있었을까? 자신의 주관을 배제하고 객관적인 관점에서 부모를 관찰하면 새롭게 깨닫게 되는 것들이 있을 것이다.

사실 이것은 정신과 의사가 맨 처음에 하는 질문이다. 나는 이 책에, 어떤 문제로 마음 클리닉이나 정신과에 방문했을 때 내원자의 상황을 파악하기 위해 진료실에서 주고받는 얘기와 그 밑바탕이 되는 지식을 상당 부분 재현해놓았다. 인간관계와 관련된 온갖 문제의 배후에 있는 '부모의 문제'를 의학적·사회적 관점에서 살펴보는 것이다.

부모가 어떤 사람이었는지 알아내는 열쇠 중 하나는 '발달장애' 개념이다. 이 개념이 널리 알려지고 나서 아이의 발달장애 또는 자신의 발달장애로 힘들어하는 이들을 위한 책이 많이 출간되었다.

그에 비해 '부모가 발달장애라면 부모와 자녀 사이에 어떤 일이 일어날까'에 대한 주제는 아직 별로 조명되지 않고 있다. 부모 세대에는 '발달장애' 개념이 일반화되지 않아 그들 자신도 인식하지 못했을 가능성이 크다. 이 책을 읽고서 '우리 집 이야기잖아'라며 비로소 이해하게 되는 독자도 분명 있을 것이다.

발달장애를 앓는 사람과 함께할 때 겪는 '카산드라 증후군'도 주요 쟁점이다. 발달장애 배우자로 인해 부부관계에 문제가 생겨 우울증에 걸리는 것이 카산드라 증후군의 대표적인 증상이다. 배우자뿐만 아니라 아이도 카산드라 증후군에 시달릴 수 있다. 여기에 해당하는 사람도 분명히 있을 것이다.

카산드라는 트로이의 마지막 왕의 딸로서 미래를 예언하는 능력은 있었으나 신은 그녀에게서 설득력을 빼앗았다. 트로이가 멸망할 것을 내다보았으나 아무도 그녀의 말을 믿지 않았다. 아무도 내 마음을 알아주지 않는다는 고통이 그녀가 받은 형벌이었다. 발달장애인의 가족은 감정을 공감받지 못하는 고통에 시달린다. 그 고통의 원인을 제대로 알기 어려워, 자기 자신이 문제라고 여기기 쉽다. 주변 사람들도 카산드라 증후군으로 고통받는 피해자를 너무 예민한 사람, 원래 우울한 사람으로 단정하기 쉽다.

부모가 우울증이나 강박증 상태였을 수도 있다. 그 정도까지는 아니더라도 생활고에 시달려 자녀를 잘 보살필 만한 정신적 여유가 없었거나, 어렸을 때 학대를 당했거나, 편견과 차별을 당연하게 여기는 고루한 분위기에서 성장했을 수도 있다.

부모가 그런 상황 속에 있었다면, 그에 대한 지식은 어떤 의미에서 그 자체로 치유의 효과를 발휘한다.

부모를 책망하지도 스스로를 자책하지도 않고 '그런 일이 일어났었다'는 것을 객관적으로 다시 파악하는 일이 곧 치유이기 때문이다. 그렇다고 그로 인한 문제가 말끔히 해결되지는 않지만 '부모상'이 바뀌면 많은 것들이 바뀐다.

동시에 '자아상'도 바뀐다. '내 잘못이었어' '내가 나쁜 아이였어'라고 굳게 오해하고 있는 사람들에게 꼭 객관적 지식을 전하고 싶다.

'최초의 인간관계'에서 생긴 편견과 왜곡이 수정되고 삶이 평온해지는 데 이 책이 조금이라도 보탬이 된다면 더없이 기쁠 것이다.

2023년 1월
와세다 마음 클리닉 원장·정신과 의사
마스다 유스케

차례

contents

부모와 자녀 사이 문제를
극복하는 열쇠

'독이 되는 부모'라고 규정하면
문제가 해결될까?

'독이 되는 부모(Toxic Parents, 미국 심리학자 수전 포워드가 만든 개념으로 아이의 인생을 지배하고 해악을 끼치는 부모를 가리킨다 – 옮긴이)'라는 말이 일반화되었다. 심리적 문제를 겪는 사람들 상당수는 자신의 부모가 '독이 되는 부모'였다고 평가하지 않을까 싶다.

내 부모는 모진 사람이었다, 어린 나를 제대로 보살피지 않고 배려하지 않았다, 좋은 부모를 만나 행복한 어린 시절을 보냈다면 지금 이렇게 살지 않을 텐데……. 현재 겪고 있는 어려움이 '독이 되는 부모' 때문이었다고 생각하면 문제가 단순해진다.

모든 부모가 애정이 넘치고 아이의 욕구를 자신의 욕구

보다 먼저 챙기지는 않는다. 아이의 감정보다 자신의 감정에 더 충실한 부모도 있다. 이런 부모를 만난 아이는 오랫동안 힘든 삶을 살 수밖에 없다. 학대받은 경험이 이후의 삶을 고통스럽게 만드는 경우는 흔하다.

문제 있는 부모를 독이 되는 부모라고 평가함으로써 어린 시절 합당한 대우를 받지 못한 것이 자신의 탓이 아니었음을 깨닫는 것은 어느 정도 치료 효과가 있는 것은 사실이다.

그런데 이제 어른이 된 그 아이들이 자신의 부모를 '독이 되는 부모'라고 규정한다고 해서 괴로움이 모두 사라지고 현실의 어려움이 다 해결될까?

속에 있던 말을 꺼내 마음이 가벼워지거나, 과거의 상황을 이해하는 것은 일시적인 치유가 될 수도 있다. 그런데 그 덕분에 예전과 달라졌거나, 긍정적으로 변했거나 아니면 인생의 괴로움이 줄어들까?

진정한 변화는 일어나지 않았을 것이다.

정신과 의사의 관점에서 보면, 내원자가 자신의 부모가

나빴다고 반복해서 말하거나 상기하는 것은 그다지 '치료적'이지 않다.

단순하고 일방적인 이 관점은 마음이 성숙해지는 데 방해가 되기 때문이다.

'그때 엄마가 그렇게 말해서 상처받았어.'

'아빠의 그런 행동이 항상 싫었어.'

이런 말들은 아무리 구체적으로 떠올려도 결국 부모가 '나한테' 나쁜 사람이었다는 이야기다. 사랑해 주지 않았다, 격려하지 않고 가혹하게 몰아붙였다, 무관심했다, 다른 형제자매만 예뻐했다 등등. 심각한 신체적, 성적 학대도 이 부분에서는 같다. 결국 당시의 상황에 대한 이해는 표면적인 차원에 머문다.

일단 이 관점에서 빠져나오지 않으면 부모와 자녀 사이 문제는 해결되지 않는다. '나에게 상처를 준 독이 되는 부모'라는 관점에서 '빠져나온다'는 것은 무슨 뜻일까? 바로, 부모가 어떤 사람이었는지 객관적인 시선에서 다시 파악한다는 의미다.

그런데 우리는 부모에 대해 지독하게 무지하다. 클리닉에 내원하는 사람들도 부모의 성장 과정을 잘 모르거나, 직업은 알아도 구체적으로 어떤 일을 하는지 잘 모르는 경우가 대부분이다.

'독이 되는 부모'라고 규정하면서도, 의외로 부모의 성향, 타고난 기질이 어떤지 모른다. '나한테 모질었던 사람'이라고 짧게 정리하거나, 반대로 미화해서 장점과 단점을 있는 그대로 보지 못하기도 한다. 현실에서 살아가는 한 개인으로 파악하는 경우가 드물다.

이는 무의식적으로 내면과 마주하기를 피하는 '억압' 현상 때문이다.

당사자는 근본적인 문제를
알아차리기 어렵다

정신과 상담을 아주 쉽게 설명하자면 편향과 불일치를 조절하고 수정하는 과정이다.

편향은 스스로 인식할 수 없으므로 전문가가 좌표점을 수정해주어야 한다. 부모와 자녀 사이 문제에만 국한되지 않고 다양한 문제에 동일하게 적용되는 과정이다.

지나친 생각이에요 / 단편적인 생각이네요

의존적인 경향이 있네요 / 그 정도면 의존증이 아니에요

의사는 어느 한쪽으로도 기울지 않은 '한가운데'를 수시로 가리켜야 한다. 이는 치료의 기본 방침이다. 전체적

인 시야에서 치우침을 피하고 객관성을 지향한다.

회사나 기관에서 사외이사를 선임하거나 외부 컨설턴트에게 의뢰하는 목적과도 유사하다. 내가 속한 조직이 업계에서 어떤 위치에 있는지, 시대에 뒤떨어지지 않았는지, 준법 운영에 반하지 않는지, 부족하거나 불필요한 건 무엇인지 등을 객관적으로 지적하는 외부의 존재가 꼭 필요하다.

개인도 생활을 영위해가며 제3자의 지적을 수용하고 자신을 되돌아볼 필요가 있다. 마음에 문제가 있든 없든 저마다의 편향은 있지만, 마음에 문제를 안고 있으면 편향은 더욱 도드라진다. 수정에도 더 많은 시간과 노력이 요구된다.

부모와의 관계가 양호하거나 보통 수준이면 부모가 어떤 사람이었는지에 대한 지식은 어느 정도 가지고 있다. 반대로 말하면, (어디까지나 의사 시선에서) 부자연스러울 정도로 부모에 무지한 내원자를 만난 정신과 의사는 상담 내용과는 무관하게 '이 사람은 부모와의 관계에 문제가 있다'고 짐작한다.

클리닉에 온 사람들이 실제로 상담하는 고민과 '핵심

문제'는 대체로 동떨어져 있다. 특정한 정신적 증상이나 직장 내 인간관계 문제는 표면적인 현상일 뿐, 심층에는 한층 더 거대한 문제가 숨어 있다. 근본적인 문제는 늘 무의식 속에 있다.

우리는 눈에 보이고, '보고 싶은 것'에만 집중하다 눈에 보이지 않는 것의 중요성을 놓친다. 그것이 자신의 마음의 문제인데도 무의식적으로 관심을 주지 않는 것이다.

사실은 바뀌고 싶지 않다

정신과 의사는 내원자가 인지 왜곡이 '있다'는 전제하에 진료한다. 정신과에 왔다는 건 그 사람 스스로 문제를 인지하고 있다는 뜻이다.

또한 '문제를 해결하고 싶다' '나는 변하고 싶다'는 의지도 분명히 있다는 의미다. 그러나 막상 치료가 시작되면 변화를 거부하는 일이 흔하다. 악착같이 고집을 피우며 변하려 하지 않는다. 한쪽으로 매우 치우친 사고방식에 집착한다.

변화는 고통을 동반하고, 우리는 '고통을 인지하는 것'을 버거워하는 존재다.

내원자에게 이런 질문을 던진다.

"세상에는 온통 적들만 있나요? 극단적이군요."

"남자는 모두 나쁜가요? 좋은 사람도 있잖아요?"

"자신이 구제 불능이니까 구제 불능인 남자밖에 만날 수 없다고요? 꼭 그렇지 않고요, 그 생각은 바꿔야 해요."

그런데 많은 내원자는 "아니요, 저는 구제 불능이에요"라고 우기거나, "그렇네요" 말로만 동조하고 실은 동의하지 않거나 마음을 열지 않는다.

남성관이나 여성관, 세상을 보는 관점, 자기 인식, 부모에 대한 감정 중에 악착같이 바꾸지 않거나 바꿀 수 없는 것이 있는가. 수년 동안 세계관이 그대로라면 분명 편견이 숨어 있다.

세계관은 변하는 법이다. 예컨대, 학생일 때와 사회인이 되고 나서 인식하는 세상은 매우 다르다. '예전에는 소극적인 성격이었는데 사회생활을 하면서 적극적으로 변했다' '젊었을 땐 노느라 바빴는데 결혼하고 차분해졌다' 등의 행동 변화는 크고 작은 계기로 수시로 일어나는 자연스러운 인간의 인지 변화에서 비롯된다.

요컨대 변화하지 않으면 문제가 있다. 변화를 촉구하는 행위인 '치료'가 난항을 겪는 이면에는 변화를 원치 않는 내원자의 집착이 있다.

왜 변화를 거부할까? 여기에는 '지금 이대로의 나를 이해해주길 바라는 욕망' 또는 '왜 다른 사람들이 나를 위해 바뀌지 않는가' 하는 불만이 내재해 있다. 그러나 단 한 사람을 위해 세상이나 주변 사람들이 바뀔 리 없다. 바라면 안 될 욕망임을 깨닫고 나 자신이 변할 수밖에 없다.

부모도 마찬가지다. '이렇게 해주면 좋았을 텐데' '이렇게 바뀌면 좋을 텐데'라고 원해도 부모 역시 타인이므로 내가 바라는 대로 바뀔 리가 없다.

변하고 싶지 않은 내원자의 마음에 변화를 촉구할 때 의사는 변화를 방해하는 요소를 탐색한다. 트라우마가 있어 마주하길 원치 않는 사람도 있고, 발달장애에 따르는 집착 때문에 유연하게 관점을 전환할 수 없는 사람도 있다.

이 난관을 넘어서려면 의사와의 신뢰 관계가 두터워야 하는데, 이때 내원자의 지식이 도움이 된다.

부모가 어떤 사람이었는지 알아가려는 내원자한테 '부모가 이런 문제를 겪고 있으면 이런 일이 일어날 수 있다'는 지식이 있으면 이해가 한층 더 수월해진다.

이런 지식은 누구에게나 큰 도움이 된다.

유튜브를 시작한 이유

내가 유튜브에 '정신과 의사가 마음의 병을 설명해주는 채널'을 개설한 목적은 내원자에게 치료 과정과 원리를 설명하기 위해서였다.

정신과 진료 시간은 한정돼 있다. 그래서 이 짧은 시간 동안은 내원자의 이야기를 듣는 데만 집중하고 설명은 따로 전달했다. 처음에는 질환이나 약물에 대한 설명을 적어주었다. 하지만 잘 읽지 않았다. 출력한 종이는 짐만 되고 잃어버리기 쉬워 이번엔 병원 홈페이지에 블로그 형식으로 글을 올렸다.

그렇지만 여전히 상담 시간이 되면 내원자들이 잘 읽지 않았음을 알 수 있었다. 마음의 병에 걸려 쇠약해진 사람한테 글 읽기가 부담스러울 수 있음을 깨달았다.

마침 내원자의 요청도 있고, 동영상으로 설명해 보자는 마음에 유튜브를 시작했을 때는 2019년. 그간의 고생이 눈 녹듯 많은 이들이 보기 시작했다. 클리닉에 통원 중인 사람들 외에도 여기저기서 많이들 보아 신기했다. 비슷한 고민을 하는 사람들뿐만 아니라 임상의를 지망하는 의대생들도 있었다.

의사한테 진료를 받는 내원자든 고통을 덜어내려는 일반인이든 본인의 지식이 어느 정도인가에 따라 치료 효과는 현격히 차이 난다. 정신의학에 관한 기초 지식을 배워 두면 두루뭉술한 '마음의 문제'가 상당히 정리된다.

정신의학에서는 '마음의 문제=뇌 기능의 문제'로 본다. 정신의학 관점에서 마음은 존재하지 않는다. '마음이 상처받았다' '마음이 아프다'고 표현하는 일들은 모두 뇌에서 일어난다.

타인과 엮이는 일에 두려움을 느끼는 사람이 '내 마음은 왜 이렇게 나약하지'라며 자책한다고 해보자. 정신의

학에서는 이를 뇌 기능에 변성(불안장애 등)이 일어났다고
해석한다.

그렇다면 왜 불안장애가 생겼을까? 내원자의 이야기에
계속 귀 기울이다 보면 어린 시절에 받은 학대 등 원인을
추정할 수 있는 단서가 나온다. 그러면 트라우마를 치료
하는 방향으로 계획을 세울 수 있다.

마음의 질환은 신체의 질병과 달리 눈에 보이지 않는
다. 혈액 검사 수치, 궤양, 폴립같이 알아보기 쉬운 형태로
나타나지 않기 때문에 지식이 없으면 '마음'이라는 말로
뭉뚱그려지기 쉽다.

눈에 보이지 않는 뇌에도 질병이 있다. 그리고 그 종류
와 대처법도 대략 알게 되면, 부모와 자녀 사이 문제를 다
룰 때 굉장히 유용하다.

부모에게 정신적인 문제가 있다면?

유튜브 채널을 운영하며 몇 가지 흥미로운 현상을 발견하게 되었다.

그중 하나는 댓글 창에서 자연스럽게 만들어진 커뮤니티다. 동영상을 보러 왔다가 서로의 고민과 정보를 주고받는 관계로 발전하는 흥미로운 모습에서 치료적 의의도 찾을 수 있었다.

요즘 세상은 정보는 넘쳐나는데 '사람들과 공유하는 기회'는 제한되어 있다. 특히 정신 질환 문제는 가족들이 쉬쉬하는 바람에 고립이 심해지는 일이 적지 않다. 내 유튜브 채널이 고립을 막는 데 보탬이 된다면 정말 반가울 것이다. 나는 이러한 작업에 박차를 가해 회원제 온라인 자조 모임도 만들었다. 최근에는 지식 공유 차원에서 워크숍도 진행하고 있다.

발견한 것이 또 있다. 나는 처음엔 사람들이 실용적이고 가벼운 지식을 원한다고 생각했다. 마음 탐구에는 관심이 없고 좀 더 실질적인 삶의 목표를 추구한다고 말이다.

하지만 실제로는 정신의학, 심리학, 사회학 등 전문적인 콘텐츠에도 조회 수가 높았다. 성장 과정, 트라우마처럼 '묵직한' 이야기에도 밀도 높은 댓글이 많이 달렸다. 손쉬운 해결책이 아닌 깊이 있는 이야기가 공유되길 바라는 구독자들의 기대에 부응하자고 새롭게 마음먹었다.

그런 깨달음을 통해 이 책에서 부모와 자녀 사이 문제를 집중적으로 다루게 되었다.

부모와 자녀 사이 문제가 일어나는 원인을 정신의학과 사회적 배경까지 아울러 살핀다. 특히 그동안 간과되었던 부모의 정신적인 문제, 발달장애 등과의 연관성을 강조하고 싶다.

부모가 우울 성향이 있거나 불안장애였다면 지금까지의 '수수께끼'가 상당 부분 해결되는 경우를 많이 보았다.

우선 발달장애 특성부터 알아야 한다. 발달장애는 그레이존(Gray Zone, 발달장애 증상이 경미하게 나타나며 장애 진단은 받지 않은 경계영역 - 옮긴이)까지 포함해 대개 어느 집단이나 7~8% 비율로 있다고 알려져 있다. 거의 10명 중 한명꼴이니 꽤 많은 수다.

이 정도로 많으면, 발달장애의 특성 때문에 아이한테 '모진 부모'가 된 경우가 과거부터 상당히 많았을 것으로 짐작된다. 이들의 대표적 특성인 '집착'은 극단적 속박이 되고, '충동성'은 폭력으로 발전할 수 있다.

그때마다 아이는 '이렇게까지 혼날 일이야?' '내가 나쁜 거야?'라며 괴로워하고 혼란스러워한다. 결과적으로 아이의 마음에도 영향을 미친다. 이것이 넓은 의미의 카산드라 증후군이다. 일반적인 카산드라 증후군은 발달장애 배우자가 있는 사람의 우울 상태를 말한다.

'부모님은 발달장애였을지도 몰라.'

'나는 카산드라 증후군일지도 몰라.'

이러한 자각도 중요한 객관적 관점이 된다. 이런 관점은 오래 묵은 자녀의 엉킨 감정을 풀어주는 실마리가 되어준다.

진료실에서 의사가 하는 일

'부모를 보는 관점을 바꾼다'가 가진 필요성과 의의는 대략 이해했을 것이다.

다음 그림은 부모와 자녀 사이 문제에 관해 의사가 내원자에게 촉구하는 변화를 도식화한 것이다. 자세한 진료 순서는 마지막 장에 나온다. 지금은 큰 흐름만 보자.

진료실에서는 '주관 → 객관 → 주관 2.0'으로 인식을 재구축하는 것을 추구한다.

내원자는 자신의 체험을 느낀 그대로, 즉 주관적으로 말한다.

내용은 복잡하게 뒤엉켜 있어 전후 관계나 인과관계를 파악하기 어렵다. 심각한 일을 체험한 사람만 그런 건 아

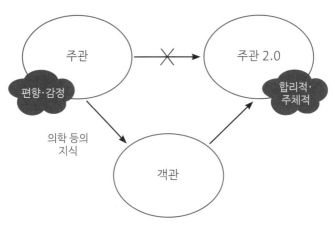

진료에서 추구하는 주관 2.0

주관 — X → 주관 2.0

편향·감정

합리적·주체적

의학 등의 지식

객관

니다. 다른 사람의 눈에는 사소한 일들을 크게 부각하거나, 중요한 정보를 누락하기도 한다.

의사는 처음부터 끝까지 내원자의 이야기를 경청한 다음 객관적으로 정리한다. 앞에서 설명한 편향 수정 단계다.

의사가 아닌 일반인이 지인의 고민을 들으면 대개 '화자의 주관'에서 '청자의 주관'으로 바로 건너뛴다. "다들 그렇게 살아." "너 정도면 편하게 살아온 거지." 지인에게 마음속을 털어놓았다가 이런 말을 듣고 얘기한 걸 후회하는 사람들이 많다.

그에 비해 의사의 진료는 사실을 명확히 밝히는 데 집중한다. 실제로 무슨 일이 있었는지, 사건의 배경에 어떤 요인이 숨어 있는지, 내원자가 진짜로 걱정하는 일은 무엇인지 집요하게 파악한다.

사실을 파악하면 내원자의 주관을 바꾸는 작업으로 넘어간다. 편향과 혼란이 없어지고 인식이 균형 있게 정리된 '주관 2.0'으로 전환되면 치료가 종결된다.

이 과정에 드는 시간은 사람마다 크게 다르다. 몇 달 만에 끝나는 사람이 있는가 하면, 5년 이상 걸리는 사람도 있다. 내원자의 스트레스나 트라우마 정도에 따라 다르고, 지적 능력이나 '지식의 양'에도 좌우된다.

정신과 치료의 보조 교재

주관 2.0에 도달한 내원자가 부모에 대해 어떤 선택을 하든 의사는 개입하지 않는다.

'나한테는 모질었었지만, 부모님도 실은 나약한 사람들이었어. 용서할래'라며 화해할 수도 있다. 아니면, '악독한 사람이 아니라 나약한 사람이라는 건 이제 알겠어. 그래도 용서할 수 없어'라며 절연할 수도 있다. '인연을 끊을 정도는 아니지만, 앞으로는 적당히 거리를 둘래'라는 결정도 있다. 선택은 각자의 자유다. 개인의 가치관은 의사가 참견할 영역이 아니다.

세상을 보는 관점이 변하고, 그 변화를 기준으로 내원자가 새로운 결정을 내리면 목표가 달성된다. 사고에 변화가 없거나, '2.0에 도달했다고 판단되지만, 객관성이 여전히 부족하다'고 판단되는 경우를 제외하고는 여기가 치료 종결 지점이다.

이 책을 읽는 독자나 심리치료를 받는 내원자가 이 목표를 참고하면 유용할 것이다.

아무래도 책은 실제 진료와 다르고 개개인의 사례에 부합하는 설명은 불가능하다. 그래도 기본적인 지식을 최대한 망라해놓았다. 누구나 '이건 내 이야기다' 싶은 부분이 여럿 있을 것이다.

'여럿'이라고 말한 이유는, 부모와 자녀 사이 문제가 항상 복합적인 요인에 의해 일어나기 때문이다. 요인이 복합적일수록 문제도 복잡하게 꼬여 있을 테지만, 하나씩 이해하다 보면 뒤엉킨 감정과 편향된 관점을 하나하나 바로잡을 수 있을 것이다.

이 책에서는 객관적으로 부모를 파악해서 문제를 해결하는 방법을 다룬다. 그래서 군이 왜 내가 이런 것까지 알아야 하나 싶은 항목도 있을 수 있다.

그러나 이 책을 끝까지 읽고 나면, 지금까지와는 다른 관점에서 부모를, 그리고 부모와 자신의 관계를 볼 수 있게 될 것이다. 나아가 주변 사람들을 이해하는 폭이 한결 넓어질 것이다.

정신과 진료나 심리 상담을 고려하고 있거나, 이미 받고 있다면 이 책을 보조 교재로 사용하면 유용할 것이다.

우리는 학교 수업 시간 외에도 집에서 예습하고 복습했다. 예습과 복습이 귀찮아서 학교와 학원의 수업에만 의존했더라도 스스로 개념을 살펴보거나 문제를 풀었던 경험이 있을 것이다. 피아노 학원에 다녔던 사람들은 다음 레슨 때까지 집에서 연습했던 경험이 있을 것이다. 수업과 수업 사이에 자율학습이 끼어 있으면 학습 효과가 상당히 높아진다.

심리 상담을 받을 계획이 없더라도 심리서를 읽는 것은 자기 자신을 더 잘 이해하는 데 효과적이다. 이 책을 읽고 의문점이 생기거나 더 자세히 알고 싶은 주제가 생기면 다른 책으로 배움의 깊이를 더하길 권한다. 자신한테 맞는 방법으로 이 책을 활용하길 바란다.

제 1 장

부모와 자녀 사이는
어떤 관계일까?

낳고 키우는 기능

자신의 부모를 객관적으로 보기에 앞서 부모와 자녀 관계란 어떤 것인지 선입견 없이 생각해 보자.

부모와 자녀란 도대체 뭘까?

얼핏 심오한 질문이 될 수도 있지만, 생물학적으로는 간단히 설명할 수 있다. 한 생물이 생식 활동으로 증식시킨 또 다른 생물. 그 둘의 관계가 '부모와 자녀' 사이다.

생식 활동이라 하면 암수 한 쌍이 아이를 낳는 장면이 연상되나, 본래 생식이란 '분열'이다. 아메바, 짚신벌레 등 오랜 진화 단계에서 등장한 생물은 자가 분열과 자기 복제를 통해 개체 수를 늘린다.

여기서 조금 더 진화한 생물은 성별이 나뉘고 개체 간 교미로 개체 수를 늘린다. 다양성을 확보해 생존 확률을 높이려고 진화한 형태다.

아메바처럼 동일 유전자를 지닌 개체들로만 이루어진 집단은 환경이 변화하면 전멸할 위험성이 높다. 여러 유형의 유전자를 가진 개체가 다양하게 섞이면 무슨 일이 일어나든 일부는 생존한다. 이러한 진화의 과정에서 크게 발달한 생물이 포유류이고, 특히 우리 인류다.

한편 진화의 폐해로, 포유류는 부모가 자녀를 '반드시 키우게' 되었다. 이런 면은 인간에게서 가장 두드러지게 나타난다. 인간의 아기는 다른 동물보다 불완전하게 태어난다. 말을 하기는커녕 두 발로 설 수도 없다. 두개골도 다 자라지 않았고 목도 가누지 못한다.

왜냐하면 인류의 뇌가 발달했기 때문이다. 커다란 뇌, 즉 커다란 머리가 다 자란 후 출산하면 아기의 머리가 산도에 걸린다. 그러니 서둘러 불완전한 상태로 태어나야 한다.

이런 이유로 인류의 아기는 매우 무력하며 그에 따라 양육 기간이 길다. 수유로 아기에게 영양을 보급하고, 기저귀를 갈아 배설을 돕고, 목욕을 시키고, 청결한 옷을 입힌다. 스스로 움직일 수 있게 되면 이젠 이물질을 입에 넣지 못하게 막고, 높은 데서 떨어지지 않도록 보살펴야 한다. 태어나고 몇 년 동안은 한시도 눈을 뗄 수 없다.

하지만 알다시피 그 몇 년이 지나도 양육은 계속된다. 생존과 안전을 지키는 단계가 끝나도, 복잡해진 현대 사회에서 제대로 살아가도록 오랜 기간 교육해야 하기 때문이다.

학업을 마치고 직업을 구해 독립하기까지 20년 이상 걸린다. 이 긴 시간 동안 인간은 '부모와 자녀 관계'를 필요로 한다.

아이의 성장에 필요한 것

아이의 성장에 필요한 것은 성장 단계에 따라 바뀐다. 여기에 맞춰 부모가 제공하는 것도 바뀐다.

여기서는 '매슬로 욕구 5단계'를 참고로 살펴본다. 인간의 욕구를 5단계로 분류하는 이론이다. 피라미드 모양인 이유는 욕구를 '축적되는 형태'로 보았기 때문이다. 아래에 있는 욕구가 충족돼야 그 위 단계의 욕구가 발생한다는 의미다.

맨 아래 1단계인 생리적 욕구는 '살고 싶다'는 원초적인 욕구를 말한다. 생존 욕구가 충족되려면 공기, 물, 음식, 옷 그리고 수면과 배설이 가능한 장소가 필요하다. 부모는 막 태어난 아이에게 이것들을 제공해야 한다.

매슬로 욕구 5단계

자아실현 욕구

승인 욕구

사회적 욕구

안전 욕구

생리적 욕구

모두 확보되면 다음은 '안전 욕구'다. 재해로부터 신체를 보호할 주거, 청결하고 안심할 수 있는 환경을 말한다. 이를 제공하려면 부모는 경제적으로 어느 정도 안정된 상태여야 한다.

3단계는 '사회적 욕구'다. 집단에 소속하고 관계를 형성하고자 하는 욕구다. 사람은 모두 어떠한 형태로든 집단의 일원으로서 사회와 연결돼 있다. 어른은 직장이나 지역사회와 연결돼 있고, 아이들 역시 학원이나 학교에 소속돼 있다.

현대 국가에서는 대부분 아이를 일정 기간 학교에 보내는 것을 의무교육으로 규정해 놓았다. 이는 아이를 사회에 참여시킨다는 의미이기도 하다. 부모는 아이가 어릴 때 놀이 상대가 되어주고, 친구 사귈 나이가 되면 또래와 놀게 하고, 아이들이 함께 시간을 보낼 시간과 공간을 제공해야 한다.

4단계는 '승인 욕구'다. 자신의 가치를 인정받으려는 욕구다. 어른들이 일이든 집안일이든 좋은 평가를 받으면 기분이 좋아지는 것처럼 아이들도 학업 성적이 좋거나 친구를 돕고 고맙다는 말을 들으면 기뻐한다.

부모가 아이의 승인 욕구에 부응하려면 어떻게 해야 할까? 관심을 기울이고, 장점을 눈여겨보고, 착한 일을 했을 때 칭찬해주면 된다. 사회생활에 필요한 일반적인 규칙을 알려주고, 이를 어기면 지적해야 한다. 예의범절 교육은 아이가 사회에서 인정받고 원만하게 지내기 위해 필요하다.

마지막 5단계는 '자아실현 욕구'다. 재능과 가능성을 최대한 발휘하려는 욕구다. 아이들이 자유롭게 놀고, 사고하고, 도전하는 시간과 공간을 마련해 주어야 한다. 공부와 시험 결과에만 매달려 무리하게 공부를 강요하는

'교육 학대'를 해서는 안 된다.

그렇다면, 어디까지 아이를 위해 부모가 해주고 어느 선부터 아이 자신의 힘으로 해결하게 두어야 할까? 현대의 가족은 이를 명확히 구분하기 어렵다.

양육의 장기화와
가중되는 부담

현대의 양육은 대략 25세까지 지속된다. 모라토리엄 (Moratorium, 에릭 에릭슨이 주장한 사회심리학 용어. 정체성을 확립하고 사회적 책임을 질 준비를 하는 심리적 유예 기간 – 옮긴이)이 연장되고, 아이도 어른으로서의 자각이 생기기 어려워지면서 대략 25세까지 양육이 계속되는데, 시대의 변화에 따라 양육 기간이 더 늘어날 것으로 보인다.

인간 부모와 자녀가 단순한 생물이라면 생리적 욕구와 안전 욕구만 충족되면 그만이다. 하지만 인간 사회에서는 예의범절과 학교 교육도 부모의 의무다. 이제 그 의무는 유치원부터 대학교까지의 교육 기간을 뛰어넘어 점점 더 기간이 연장되고 있다.

소위 '의식 수준이 높은 부모'일수록 자녀의 직업까지 염두에 두고 교육 과정을 고려한다. 구직 활동 기간은 물론 안정된 직장을 얻어 정착할 때까지 자녀를 보살피는 부모가 드물지 않다. 농어촌에 살거나 자녀가 대학교에 진학하지 않는 경우는 '도시에만 한정된 이야기다' '농어촌에서는 자녀가 성년이 되면 바로 도시로 떠나므로 25년이나 함께 살지 않는다'라고 반박할 수도 있다.

농어촌에서는 고등학교를 졸업하는 동시에 도시로 가서 취업하거나, 아니면 지역에서 직장을 구하므로 도시만큼 오랜 기간 자녀가 부모에게 경제적으로 의존하지는 않는 편이다. 물론 농어촌의 부모가 도시로 떠난 자녀에게 상당 기간 교육자금과 생활 자금을 지원하는 것도 드물지 않다.

자녀가 취업할 때까지, 혹은 경제적 안정을 얻을 때까지 지원하는 것은 지나치다고 생각하는 사람들도 많을 것이다. 그러나 급변하는 현대 사회에서 가장 가까운 사회적 관계인 부모의 지원 여부는 자녀의 앞날을 크게 좌우한다.

부모의 연줄로 채용에서 특혜를 받는 직접적인 혜택이

아니더라도 부모의 지원은 다양한 방면에서 효과를 발휘한다. 산업구조 변화, 업계 동향 같은 실시간 정보는 학교에서 배우는 그 어떤 공부보다 중요하다. 경쟁사회에서 사회 초년생에게 확실한 내 편이 되어주는 사람은 부모밖에 없다. 교사의 권위와 영향력이 줄어들면서, 예전처럼 좋은 선생님을 만나 인생이 바뀌었다는 얘기를 듣기 어려워졌다. 자녀의 직업 선택과 경력 개발에서 부모의 영향력이 점점 더 강화되고 있다.

그런 면에서 최근 논란이 된 '부모 뽑기(타고난 외모, 능력, 가정환경이 인생을 크게 좌우한다는 인식이 생기면서 아이가 부모를 고를 수 없는 현실을 랜덤 뽑기 게임에 비유한 유행어 - 옮긴이)'도 일정 부분 타당성이 있다. 오직 생존과 안전만 제공하는가, 아니면 이마저도 불가능한가, 사회적 성공과 자아실현까지 지원 가능한가. 부모의 지식과 열성, 경제력이 이를 좌우한다. 현대의 부모와 자녀 사이 문제는 '격차 문제'로까지 나아간다.

과거에는 부모만
아이를 키우지는 않았다

교육격차는 양육의 '밀실화'와 밀접하게 연결돼 있다. 시대가 발전할수록 이 경향도 두드러지는 것 같다.

과거에는 아이가 부모 손에서만 크지 않았다. 할머니, 할아버지가 함께 살며 바쁜 부모님과 번갈아 아이를 돌봐주었다. 친척들도 근처에 살았고, 성장기 내내 같은 이웃들 속에서 두루두루 보살핌을 받았다. '아이는 온 마을이 키운다'는 의식이 자연스럽게 공유되고 있었다. 수십 년 전만 해도 동네 어른이 장난꾸러기 아이를 혼내는 광경을 심심치 않게 볼 수 있었다.

요즘은 아이들이 시끄럽게 놀면 부모에게 연락이 간다. 교육적인 이유보다는 아이로 인해 피해를 받았다는 불만이 대부분이다. 이 때문인지 내 클리닉이 위치한 도쿄 신주쿠의 공원에는 야구 금지, 소음 금지, 스마트폰 게임 제한 등의 규칙이 생겼다.

과거에는 양육 행위 자체도 지금보다 단순했다. 영유아의 사망률이 매우 높아 생존과 안전만 제공하면 부모 역할에서 충분히 '합격점'을 받았다. 게다가 기본적으로 부모의 생업을 물려받으니 교육을 많이 받을 필요가 없었다.

도시화, 산업화가 진행되며 양육에 관여하는 사람이 급속도로 감소했다. 핵가족화로 부부 둘이서만 아이를 돌보게 되었고, 최근에는 한부모가족도 급증하는 추세다. 이 흐름 속에서 아이는 사회가 아닌 개인에게 속한 존재 즉 부모에게 속한 존재로 의식이 바뀌었다.

2020년 이후로는 코로나19 위기로 밀실화에 박차가 가해졌다. 아이는 집 외에 머물 공간을 상실했다. 학교 수업은 온라인으로 대체되었고, 대면 수업으로 돌아간 후에도 대외활동이 대폭 줄어 아이들은 집과 학교, 학원만 오가는 생활을 하게 되었다.

아이들이 부모와 함께 지내는 시간이 더 늘어났다. 혼

자 힘으로 친구를 사귀고 외부 세계를 탐색할 만한 사교성과 행동력을 키우기 어려워졌다.

아이에게도 상당히 답답한 상황이지만 부모도 힘들다. 이웃과 마을이 양육에 관여하지 않는 만큼 도움의 손길은 부족해지고 할 일은 늘어났으며 예의범절 등 사회생활의 기초를 가르쳐야 할 책임도 무거워졌다.

양육의 '합격점' 기준도 높아졌다. 양질의 직업을 얻게 해줄 양질의 교육 제공이 중요해지면서 '합격점'은 계속 높아지고 있다. 4년제 대학 졸업이 일반화하면서 이제는 명문대 진학을 위해 많은 사교육비를 지출하는 것을 부모의 의무로 여기는 사람들도 많다.

예전같이 교육해서는 부족하다. 현대는 부모와 자녀 모두에게 혹독한 시대다.

왜 양육에서 헤맬까?

부모의 교육 수준이 높고 경제력이 있으면 자녀가 경쟁사회를 잘 헤쳐가도록 더 많은 자원을 제공할 수 있다. 그러나 그 외에도 중요한 요소가 또 있다.

바로, 정답 없는 세계를 헤매면서도 흔들리지 않고 선택하고 판단할 수 있는 단단한 마음이다. 앞서 '양질의 교육'이라는 표현을 썼는데, 사실 정해진 답은 없다. '여기는 아이의 장래를 보장할 좋은 학교다'라고 확신하고 학비가 비싼 사립학교에 보내도 실제로는 다녀봐야 자녀에게 진짜 좋은 학교인지 알 수 있다. 마침 교장이 바뀌어 교육방침이 바뀌거나 문제아가 자녀의 기숙사 룸메이트가 되는 등의 일은 얼마든지 일어난다.

'좋은 회사'도 마찬가지다. 입사 전까지 호황을 누리던 업계가 막상 합격하고 보니 사양 산업으로 바뀌어 언제 구조조정을 당할지 모르는 상황이 될 수도 있다. 직업 세계에서 일어나는 격변의 정도는 학교라는 변수를 훌쩍 넘어선다.

결국 양육은 망설임과 판단의 연속이다. 아무리 오래 숙고하고 결정해도, 예상과 맞을 때도 있고 빗나갈 때도 있다. 양육뿐 아니라 인생의 모든 결단이 그러하지만, 수십 년의 미래를 내다보며 결정해야 하는 자녀에 관한 일이라면 부모는 더 고심할 수밖에 없다.

결국 단단한 마음이란, 양육에는 '당연히 정답이 없다'고 받아들이는 태도다. 양육에 '정답이 있다'고 믿으면 풍부한 지식과 경제력이 있어도 결정적인 잘못을 범할 수 있다.

'내가 알아보니까 이게 정답이야'라며 아이에게 특정 학교, 특정 학과에 입학하라고 밀어붙인다. 편향된 지식을 막무가내로 주입한다. 아이의 적성과 맞지 않아도 마음대로 진로를 정한다. 아이가 싫다고 하거나, 우울증에 걸려도 부모가 결정을 바꿀 생각이 없으면 그야말로 '교육 학대'가 된다.

반대로, '아이의 의사를 존중한다'는 태도가 정답이라고 믿는 부모도 문제다. 예를 들어 10대 아이가 '유튜버가 될래요. 그래서 학교 공부는 필요 없어요'라고 말하는데, 유튜버 대부분이 생계를 해결할 만큼의 수입을 올리지 못하는 현실을 외면한 채 무조건 아이의 꿈을 응원하는 부모도 믿음직스럽지 못하다. 유튜버로 성공하기 위한 구체적 계획은 무엇인지, 유튜버로 자립하지 못한다면 대안은 무엇인지, 유튜버 이외의 다른 일을 할 수 있는 능력을 어떻게 키울 것인지, 유튜버가 된다는 목표와 학교 공부를 병행할 수는 없는지 다각도로 검토하며 자녀와 의논하는 것이 바람직할 것이다.

과거의 가치관을 내세워 사고회로를 망치는 부모도 있다. '좋은 대학만 나오면 탄탄대로다' '공무원이나 교사가 되었다면, 무조건 정년까지 다녀야 한다' '의사가 최고다'라는 식의 사고를 강요한다. 세상은 변하고 있는데 부모만 과거의 가치관에 머물러 있으면 자녀는 더 좋은 기회를 놓칠 수 있다.

학업 성적이 우수했던 부모가 자녀의 발전을 가로막기도 한다. 특히 발달장애에서 비롯된 부모의 집착이 교육에 집중되면 아이는 어마어마한 스트레스를 받게 된다. 임상에서 빈번히 관찰되는 이러한 사례는 3장에서 자세히 다룬다.

진로 탐색에 대한 지원 강화

현대의 부모는 요구받는 사항이 많아 힘들다고 앞서 말했다. 하지만 힘들어도 무리할 필요는 없다. 양육은 정답이 있는 세계가 아니므로 개인마다 최선을 다하는 수밖에 없다.

몇 가지를 유념하면 부유하지 않아도, 잘나가는 부모가 아니라도 아이에게 도움이 될 수 있다. 어릴 때부터 자녀와 대화하는 시간을 갖는다. 아이가 좋아하는 것과 잘하는 것을 눈여겨보고 응원한다. 세상살이의 요령, 세상에 존재하는 직업 중 아이가 도전할 만한 것들, 앞으로 필요한 기술 등을 알려준다. 부모가 아는 한도 내에서 직업세계에 대한 지식과 직장 생활에 필요한 자질 등을 가르친다.

부모가 사회생활을 별 무리 없이 하고 있다면 충분히 자녀에게 필요한 만큼 도움이 될 수 있다. 진로 상담은 학교 선생님이나 대학교의 취업정보센터에서 체계적으로 해주면 좋겠지만, 내 아이를 가장 잘 아는 사람은 부모일 수밖에 없다. 고등학교 선생님도 적극적으로 공부하지 않으면 최신 지식을 얻을 수 없다. 조직적으로 최신 지식을 늘 업그레이드하는 체제를 정비한 학교는 매우 드물다. 학생의 사생활에 개입하기 어려운 학교 조직은 '학생의 감정을 중시하자' '학생이 하고 싶은 일을 최우선으로'라는 기준에서만 지도할 수밖에 없는 현실적인 측면도 있다고 한다.

감정을 중시한다는 것은 좋아 보이지만, 만약 아이가 찾은 답이 비현실적이라면 교정될 필요가 있다. 이때 오직 부모만이 아이를 적극적으로 설득할 수 있다. 부모가 제 기능을 하지 않으면 아이는 실패하기 전까지는 오류를 시정하기 어렵다. 물론 시행착오를 통해 배우는 것은 소중하다. 아이가 다음 기회를 얻을 수 있다면 말이다.

자신이 하고 싶은 일을 명확하게 아는 10대는 소수다. 자신의 재능이나 자원에 딱 맞는 일을 확실히 아는 10대는 그보다 훨씬 더 적다. 진로 탐색 활동은 정보의 유무에 따라 큰 차이가 난다. 경제적 지원에서 그치지 않고 성공적인 진로 탐색의 정보원 역할을 하는 부모의 존재감이 점점 더 강화되고 있어, 정보 측면에서도 자녀 세대 내 격차와 단절이 날로 심화하고 있다.

조건 없는 애정도
한계가 있다

부모의 지원이 충분해도 순탄치 않은 경우가 있다. 발달 장애아의 부모는 물론, 그레이존처럼 한눈에 분간하기 어려운 장애가 있는 아이의 부모도 겉으로 티가 잘 나지 않더라도 여러 면에서 힘들어한다.

정형 발달 아이는 부모가 지원을 충분히 해주지 못해도 그 나름대로 성장한다. 캠프장에서 먹는 카레처럼 요리할 때 살짝 실패해도 그런대로 먹을 만하고, 좀 어설퍼도 괜찮다.

그러나 '걱정할 필요 없다. 아이는 알아서 큰다'는 말은 모든 아이한테 통용되지는 않는다. 발달장애아나 정신적인 장애가 있는 아이를 키울 때는 전문적인 지식과 배려가 필요하다. 부모는 걱정스러운 마음에 어떻게 키워야 할지 사방팔방 알아본다. 하지만 일반 대중을 위한 양육론은 대체로 개인의 특수한 성공사례를 다룬 것들이라 일반화하기 어렵고 어떤 장애아한테는 해로울 수도 있다.

부모한테 가장 힘든 순간은 아이와 감정 교류가 되지 않을 때다. 발달장애 아이는 눈을 마주치지 않고 스킨십을 꺼리며 부모한테 무관심하다. 부모의 감정을 이해하고 공감해주는 경우가 정형 발달 아이들보다 상당히 적다.

신경 쓸 일은 한둘이 아닌데 정서적 교류는 어렵다. 부모의 양육은 혹독한 시련에 놓인다. '부모는 아이한테 조건 없는 애정을 쏟는다'고 한다. 기본적으로는 맞는 말이지만 정서적 교류가 없는 상황에서는 녹록지 않다. 조건 없는 사랑을 무제한으로 쏟지 못하는 자신을 자책하다 우울증에 걸리는 일도 많다.

이 밖에도, 학대받은 경험, 원만치 않은 부부관계 때문에 또는 과로와 생활고에 지친 나머지 애정을 잃은 부모도 있다. 부모 자신의 발달장애나 정신적인 문제로 아이를 향한 애정과 관심이 적어지기도 한다.

  이러한 상황에서 '부모와 아이 중 누구의 잘못인가?'라
는 논쟁은 의미 없다. '부모는 자녀에게 조건 없는 애정을
쏟는다'는 상식이 누구에게나 어떤 상황에나 적용되는 것
은 아니라는 것을 이해할 필요가 있다.

  이 관점은 특히 부모한테 사랑받지 못했다고 느끼는 사
람이나 반대로 자녀에게 사랑을 느끼지 않아 괴로운 사람
에게 중요하다.

  '부모는 당연히 아이를 사랑한다'는 상식에 '언제나 예
외는 있다'는 인식이 더해지면 자신의 부모나 아이, 타인
의 부모나 아이를 볼 때 어느 정도 객관성이 생긴다.

부모를 향한 애증의 정체

무조건적인 사랑이 늘 바람직할까? 모든 부모가 모든 아이한테 무한한 애정을 쏟았다면 인류 존속은 불가능하지 않았을까?

산업화 이전에는 식량이 부족할 때가 많았다. 식량이 모자랄 때 아이들에게만 양보하고 어른들은 굶었다면, 어른들이 굶어 죽은 후 스스로 생존할 수 없는 아이들도 결국 죽게 되었을 것이다.

부모의 무조건적인 사랑을 당연하게 여기는 풍조 속에서도 실제로는 부모가 자신의 욕구를 더 중시하는 일이 드물지 않다. 부모가 아이를 충분히 사랑하지 않는 것은 있을 수 있는 일이다. 자기중심적인 부모가 아이를 뒷전으로 두는 일은 현실에서 실제로 일어나고 있다.

그렇다면 부모를 향한 아이의 사랑은 어떨까.

이 사랑은 근원적이고 절대적일지도 모른다. 무력한 아이의 생존과 안전은 부모의 사랑에 크게 좌우되기 때문이다. '효심보다 부모의 사랑이 더 깊다'는 말은 사실 그 반대다. 생살여탈권을 가진 부모를 향한 연약한 아이의 마음이 훨씬 더 강하다.

발달장애로 자폐 경향이 있는 아이는 부모한테 무관심하다는 예외도 있지만, 기본적으로 아이는 동물적인 본능으로 부모를 사랑할 수밖에 없다.

'그럴 리 없다. 나는 어릴 때부터 부모가 미웠다'는 사람도 있다. 이 미워하는 감정은 '부모한테 사랑받고 싶다, 이해받고 싶다, 받아들여지고 싶다'는 욕구의 이면일 수 있다. 욕구가 좌절되면 사랑이 미움으로 변하거나 애증이 교차한다는 건 많이 알려진 상식이다.

'독이 되는 부모' '나쁜 부모'에 관심이 쏠리는 이유도 이처럼 뒤엉킨 감정을 느끼는 사람이 많아서일 것이다.

64

원망이나 미움까지는 아니어도 부모와의 사이가 삐걱대는 사람들이 많다. 부모가 뭘 잘못했는지 샅샅이 파헤치면 감정의 매듭을 지을 수 있을까?

하지만 서장에서 언급했듯 이 주제에 집착하는 것은 별로 효과적이지 않다.

나쁜 부모 때문에 아이가 고통받는다는 '정해진 결론'은 '나도 그래서 힘들었다'는 잠깐의 공감과 치유에 그칠 뿐 앞으로 나아갈 길을 보여주지 않는다.

'앞으로 나아갈 길'이란, 어떤 부모에게서 자랐든 자신의 의지로 선택하는 길을 말한다. 본래 이 길은 어른이 되면 자연스럽게 선택할 수 있어야 한다. 어른이 되면 그 어떤 선택도 자신의 자유로 이루어진다.

하지만 부모와의 관계에 얽매인 사람은 자신의 길을 찾아 훨훨 날아가기 어렵다. 이 속박에서 벗어나야 한다.

'최초의 인간관계'는
되풀이된다

부모나 가족과의 관계는 최초의 인간관계이자 이후에 맺을 인간관계의 기초가 된다. '장녀 중에는 남을 잘 챙기는 사람이 많다'처럼 집단 내 역할에 의해 성격이 어느 정도 형성된다는 이야기는 들어보았을 것이다. 이외에도 '이렇게 행동해야 한다'는 행동 규범, 사람에 대한 평가나 견해에서도 가족의 영향이 강하게 드러난다.

어떤 사람이 회사에서 '거만한 부하'한테 화내고 있다고 가정해보자. '직급도 낮은 주제에 자기 주장을 한다'는 불합리한 이유로 화가 난다. 이 감정의 배경에는 사실 엄격한 아버지 밑에서 자라면서 '서열이 낮은 사람은 자신의 의견을 말해서는 안 된다'는 가치관이 심어졌기 때문일 수도 있다. 이런 식으로 어렸을 때 형성된 경향성은 누구한테나 있다.

그런데 가치관이 편향된 가정, 가족관계에 사회 일반과 다른 특수한 규칙이 있는 가정에서 자라면 사회에 적응하기 매우 어려워진다. 이미 내면의 기준이 된 부모의 가치관과 사회통념의 간극 사이에서 혼란스럽다.

'종교 2세'가 그 전형적인 예다. 폐쇄적인 착취적 종교집단이 아니더라도 일반사회와 다른 가치 기준과 행동 습관 속에서 자란 아이가 사회에 진출할 때 혼란이 일어난다.

가정은 그 사람이 소속된 최초의 집단이다. 가정에서 배운 상식은 강력하게 머릿속에 자리잡고 그 사람의 인생에 깊은 영향을 준다.

가족 간의 문제가 이후의 인간관계에서 또다시 되풀이되는 현상도 자주 일어난다. 직장 상사, 동료, 연인, 배우자의 부모 그리고 자녀와의 관계에서 자신과 부모와의 관계의 패턴이 반복된다는 의미다.

아버지의 폭력에 노출된 사람이 또다시 연인의 데이트 폭력에 괴로워하거나, 지배적인 부모한테서 자란 사람이 지배적인 성격의 상사한테 또다시 엄격하게 통제받는다.

서장에서 말한 '부자연스러울 만큼 무지하다'는 경향도 되풀이된다. 갑질하는 상사에 대해 아는 건 고작 '나한테 가혹한 사람'이라는 것뿐이고, 폭력을 일삼는 남자친구에 대해서는 '원래는 다정한 사람'이라고 애써 감싸주지만, 직업이나 고향, 가족관계도 제대로 모른다.

인간관계의 되풀이는 '자신의 역할' 반복에만 국한되지 않는다. 무의식중에 다른 가족의 역할을 연기하기도 한다. 폭력적인 아버지가 빙의한 것처럼 자식에게 공격적으로 대하거나, 어머니가 빙의한 것처럼 희생적으로 행동한다.

자신이 왜 일정한 패턴의 인간관계를 맺는지 분석하고 자각하지 않는다면, 나쁜 상사, 나쁜 애인에게서 벗어나 새로운 관계를 맺을 때도 최초의 인간관계를 반복하게 되기 쉽다.

인간은 학습하는 생물이지만 최초의 학습에 가장 큰 영

향을 받는다.

앞서 공을 처음 던질 때 잘못된 자세로 배우면 나중에 자세를 고치기 힘들다고 했다. 이처럼 잘못된 방식으로 관계 맺는 것이 익숙해지면 여간해서는 수정할 수 없다. 그래서 어른이 되어 독립한 후에도 평생 원가족의 그림자에서 벗어나지 못하는 사람이 많다.

지금의 인간관계에서 과거가 반복되고 있진 않은지 돌이켜보자.

만약 무의식적으로 어린 시절의 자신 또는 아버지, 어머니 역할을 연기하고 있었다는 걸 알아차렸다면 이미 그것만으로도 큰 걸음을 내디딘 셈이다.

제2장

왜 부모와 자녀 사이에
문제가 생길까?

정형 발달의 경우

2장에서는 부모와 자녀 사이에 발생하는 문제의 원인을 정신의학상의 장애 유무로 살펴본다. 그중에서도 발달장애 및 그레이존은 전 인구의 7~8%에 달하며, 함께 사는 배우자나 자녀의 카산드라 증후군도 심각해서 중점적으로 다루려고 한다.

우선, 부모와 자녀 모두 정형 발달일 때 발생하는 극히 평범한 충돌에 대해 살펴보자.

최초의 충돌은 부모가 '예의범절'을 가르치는 유년기에 발생한다. 어린아이는 이게 먹고 싶고, 저게 가지고 싶고, 더 놀고 싶다는 욕구를 그대로 분출한다. 부모는 그중 아이한테 도움이 되지 않거나 남에게 피해를 주는 욕구는 자제시켜야 한다.

그러면 아이는 당연히 저항한다. 치우라고 혼내는 부모와 더 놀겠다고 저항하는 아이는 말 그대로 최초의 충돌기를 겪는다. 이러한 대립 속에서 아이는 떼쓰는 행동을 점점 더 조절할 수 있게 된다. 가장 기본적인 훈육이다.

다음 충돌은 사춘기다. 성인으로 성장해가는 10대, 즉 자아가 확립되는 과도기에 아이는 부모와 부모를 포함한 어른 세대에 반항한다. 부모 말을 듣지 않고, 부모와 닮은 면을 몹시 싫어하며, 때로는 입을 꾹 다물지만 어디까지나 일시적인 현상이다. 스무 살쯤 되면 대체로 차분해져 부모와의 관계도 평온해진다.

이때에도 정제되지 않은 말다툼이 오간다.

다음 충돌이 있다면, 그건 성인이 된 자녀가 자립을 시도할 때다. 부모가 떨어지기 싫어해 자녀의 경력 개발이나 결혼을 방해하는 경우가 있다. 대개 부모가 현실과 타협하면서 서서히 극복해나간다.

이러한 충돌은 부모와 자녀 사이에서 자연스럽게 일어

나며, 필요한 갈등이라고 할 수 있다.

땀, 눈물, 콧물이 뒤섞인 충돌은 부모와 자녀 관계이기에 허락되는 교육 방법이자, 동서고금을 막론하고 인류라는 생물이 사회생활을 하는 데 필요한 줄다리기였다고 생각한다.

부모 자식 사이에 갈등이 전혀 없다면 그것이 더 문제다. 충돌이 없으면 학습 기회를 잃어버린다. 대부분의 인간관계가 오래 지속되지 않고 단편적인 현대 사회에서는 가정이 아니면 고도의 인간관계 기술을 배울 기회가 없기 때문이다.

아이에게 장애가 있을 때

아이의 반항이 일시적이지 않거나 정신 질환으로 이어지는 경우, 발달장애와 관련이 있을 수 있다.

정형 발달 아이는 부모의 예의범절 교육이나 훈육에 반항하더라도 끝내 '굴복'한다. 아직 부모를 이길 수 없다는 현실에 한발 물러난 뒤 '지금은 시키는 대로 해야지' 하고 타협한다.

하지만 발달장애가 있으면 유연성이 부족해 타협과 포기가 어렵다. 부모한테 계속 반항하거나 내면의 갈등을 겪다가 결국 인지를 수정하지 못해 현실과 타협하지 못하고 우울증이나 섭식장애를 일으키기도 한다.

유전적 형질의 영향 또는 발달장애의 2차적 질환으로 경계성 성격장애가 나타나기도 한다. 이 질환은 감정 조절이 매우 불안정하다는 특징이 있다. 자아와 타자의 이미지가 불안정해 부모가 애정을 쏟아도 충분치 않아 사랑받고 있지 않다고 호소하고 때로는 자해를 한다.

아이가 의존증에 빠질 수도 있다. 약물, 알코올, 도박 등에 중독되면 자신의 의지와 무관하게 그것에서 헤어나지 못한다. 스마트폰 의존증도 심각하다. 알코올이나 도박보다는 안전할 것 같지만 꼭 그렇지도 않다. 휴대폰 결제를 그만두지 못해 부모의 돈을 훔치거나, 어른이 돼서 빚에 시달리는 사례도 있으니 특별히 주의해야 한다.

위와 같은 일탈과 정상적인 성장 과정 중의 반항은 성질이 다르다. 반항기에 접어든 고등학생이 밤늦게까지 놀다가 귀가하는 것 같은 이야기는 우리한테 익숙하지만, 고등학생이 유흥업소에서 돈을 많이 쓰는 행위는 이상이 있다. 자해나 약물·알코올 의존증처럼 신체에 손상을 입히는 행위도 문제다.

자녀가 이런 사태를 일으켰을 때 대개의 부모는 '내가

잘못 키웠다'고 자책감에 사로잡히지만, 중독은 부모 잘못이 아니다.

잘 키워도 장애에서 비롯된 일탈 행동을 하는 경우가 있다. 또한 의존증은 부모의 잘못이 아니라 의존할 대상을 만나버린 불운에서 비롯된 것이다. 공연한 자책보다는 이성적인 태도로 의사의 지도에 따라 회복에 전념하는 것이 적절한 대처다.

한편, 장애아를 키운다면 그 아이를 돌보느라 다른 자녀는 방치되는 경우가 많다. 장애가 있는 자녀를 옆에서 도와주는 자녀는 복잡한 감정을 느끼고, 그때 형성된 관계는 성인이 돼서도 이어진다.

만약 애정이 굶주린 채로 어른이 되면, 무의식적으로 부모를 필요로 해 나이 차이가 많은 사람만 연애 대상으로 보기도 한다. 또는 연인이나 배우자와 묘하게 거리를 두고 자신의 영역에 들어오지 못하게 막기도 한다. 일종의 방어반응이다. 상대를 받아들이면 과거의 외로움이 떠올라 일부러 칼같이 선을 긋는 것이다.

발달장애란 무엇인가

발달장애가 무엇인지 살펴보자. 발달장애란 선천적으로 뇌의 기능이 달라 일부 지적 활동에 제한이 생긴 상태를 말한다.

쉽게 말하면, 할 수 있는 것과 할 수 없는 것의 차이가 극단적인 상태다. 가령 공부는 잘하는데 정리정돈은 전혀 못 하거나 의사소통을 상당히 어려워한다. 이 기복이 일상생활에 지장을 주면 발달장애가 있다고 본다.

발달장애에는 몇 가지 종류가 있다. 각각의 특징은 다음과 같다.

- 자폐 스펙트럼 장애(ASD, autism spectrum disorder) : 의

사소통이 어렵다. 다른 사람의 기분을 신경 쓰지 않는다. 고집이 세다. 과도하게 집중한다. 감각이 예민하다.

• 주의력결핍 과잉행동장애(ADHD, attention deficit hyperactivity disorder) : 부주의하다. 잘 잃어버린다. 충동성이 높다. 산만하다.

• 학습장애(LD, learning disorder) : 다른 일은 잘하는데, 읽기 쓰기를 못 한다. 계산을 못 한다.

ASD와 ADHD는 종종 함께 나타난다. 다른 사람의 감정을 이해하기 어려운 자폐 성향이 있는 사람이 물건을 잘 잃어버리거나 충동적인 ADHD 성향도 보이는 경우다. ASD를 세분화해서 아래 두 유형으로 분류하기도 한다.

• 수동형 : 얌전하고 말이 없다. 자기주장을 하지 않는다. 관심의 폭이 좁다. 남이 하라는 대로 하기 쉽다.

• 적극기이형(積極奇異型) : 적극적인데 지나치게 거침없이 상대방을 대해 당황스럽게 하는 경우다. 자기주장이 매우 세다. 강요하는 경향이 있다. 다른 사람의 말은 듣지 않고 자기 이야기만 한다.

이 밖에도 혼자 있기 좋아하는 고립형, 수시로 잘난 체 하는 거만형, 과장된 행동을 좋아하는 허풍형 등이 있다. 이중 수동형과 적극기이형이 주로 쓰이는 분류다.

발달장애는 심하고 약한 정도가 있다. 정도가 심한 1~2%는 발달장애, 약 7~8%까지는 '발달장애 그레이존' 이다. 하지만 그 경계선이 상당히 모호해 어느 선부터 그 레이존인지 말하기 어렵다.

그레이존은 발달장애보다 증세는 약하지만 괴롭긴 마 찬가지다. 회사 생활은 가능하지만 괴롭힘 당하는 처지가 되기 쉽다. 주변에서 이해받기 어렵고, 복지 지원도 받기 어렵다.

지적장애를 예로 들어보자. 아이큐 70 미만을 장애로 간주하면 인구의 2% 정도가 지적장애에 해당한다. 이들 은 일할 때 어려움을 겪는다. 하위 14% 전후는 경계성 지 능으로 분류되지만, 장애는 아니다. 그러나 회사 업무를 매끄럽게 수행하기 어려워 자존감이 낮아지기 쉽다. 사회 적 필요에 따라 장애 기준을 일단 정해 놓긴 했으나 특정 개인을 그 기준대로 분류하는 것은 그렇게 간단한 문제가 아니다. 지적장애도 심하고 약하고의 정도 문제라서 장애의 경계선을 규정하기 어렵다.

발달장애도 마찬가지다. 사회적 필요에 따라 일정한 기준을 만들어 진단명을 붙였을 뿐, 절대적인 기준은 없다.

이러한 특징을 정신의학에서 '장애'라고 부르니 이 책에서도 그 표현을 따르지만, 정형 발달과 다르다는 것을 꼭 열등한 것으로 보아야 하는 것은 아니다. 뇌의 유형과 성질이 다른, 즉 하나의 '개성'이다.

그런 의미에서 성 소수자와 닮아있다. 성적 지향은 차이일 뿐, 우월하거나 열등한 것은 아니다.

'소수' 안의 다양성이라는 공통점도 있다. 레즈비언(Lesbian), 게이(Gay), 양성애자(Bisexual), 트랜스젠더(Transgender, 사회적 성과 생물학적 성별이 일치하지 않는 사람), 퀴어(Queer, 다양한 성 소수자를 아우르는 표현) 또는 퀘스처너(Questioner, 자신의 성 정체성을 확립하지 못하고 스스로 질문하는 사람), 간성(Intersex, 여성과 남성이라는 이분법에 해당하지 않는 성)의 앞 글자를 딴 약어 LGBTQI로 분류를 만들어 놓아도 이 틀 안에 부합하지 않는 성적 지향이 또 있듯이, 발달장애인도 저마다 다 달라서 양상이 무척 다양하다. 그만큼 당사자도, 주변 사람들도 다른 발달장애인을 참고하기 어려워 대처하는 데 애를 먹는다.

자폐 스펙트럼 장애가 있는 부모

ASD 수동형

발달장애 양상이 천차만별인 만큼 부모의 발달장애 특성으로 인한 가족 문제도 다양하다.

ASD 수동형 부모부터 살펴보자. ASD 수동형은 주체적인 행동이 어려워 지시받은 일은 수행할 수 있지만 직접 아이디어를 내거나 의사소통에는 어려움을 겪는다. 매사에 수동적이며 '지시만 기다리는 사람'이 많다.

ASD 수동형 부모는 전반적으로 가정이나 가족한테 관심이 적다는 느낌을 준다. 아버지는 대체로 자신만의 속도와 루틴 안에서만 생활해 '있으나 마나 한' 존재가 되기 쉽다. 저녁에 운동하러 훌쩍 나가더니 본인이 좋아하는 음식만 사 들고 와 가족들과 상관없이 혼자 먹는 경우도 있다.

집안일에 소극적이라기보다 '집안일을 해야 한다'는 의식이 없는 경우도 많다. 아내가 '쓰레기만이라도 제발 버려줘'라고 하면 버리기는 한다. 지시받은 '그 일'만 하고, 지시받지 않은 일에는 관심이 없다.

ASD 수동형 어머니는 아버지에 비하면 집안일을 어느 정도 하기도 하지만, 역시나 가족한테 관심이 희박하다. 아이를 방임하는 어머니에게서 ASD 수동형이 종종 관찰된다.

이 유형의 어머니를 둔 아이는 공감받지 못해 힘들어한다. 항상 무표정에 말이 없고 잘 웃지도 않는다. 〈신세기에반게리온〉의 아야나미 레이 같은 캐릭터다. 먼저 말을 걸지도 않고 상대가 말을 걸어도 반응이 뜸하다. 무슨 생각을 하는지 알 수 없는 부모다. 이해를 받지 못하고 대화를 주고받는다는 느낌이 들지 않아 재미가 없다.

부모도 아이가 무슨 생각을 하는지 모른다. 애초에 이해하려는 의지도 능력도 미미하다. 그래서 아이는 고민이 생기면 몹시 괴로워한다. 아이는 어른처럼 능숙하게 생각을 언어로 표현할 수 없으므로, 아이가 평소와 상태가 다르면 부모가 이를 알아차리고 '무슨 일 있었니?'라고 물어보며 머릿속을 정리하도록 도와줄 필요가 있다. 하지만 이 유형의 부모한테는 그런 역할을 기대할 수 없다.

아이가 먼저 고민을 털어놓아도 부모답지 않은 대응을 한다. 그 고민이 얼마나 힘든지 이해받지 못한다. '학교에서 따돌림당하고 있다'고 말해도 '으음' 하고 끝난다. '성폭행당했다'고 딸이 울어도 '그건 어제 일이잖아? 오늘은 괜찮을 거야' '호루라기를 가지고 다니면 되잖아'라며 아무렇지 않다는 듯 다음날 학교에 보낸 실제 사례도 있다. 이해할 수 없으므로 무슨 말을 하면 좋을지 감을 잡지 못한다.

이런 부모한테서 자란 아이는 애정에 목말라 있다. 아이가 부모에 대해 'ASD 수동형이니까 날 이해 못 해도 할 수 없지'라고 생각할 리 없다. 과거에는 발달장애에 대한 개념이 별로 없었으므로, 부모도 자신이 ASD 수동형임을 알기 어려웠다. 아이는 '내가 나쁜 걸까?' '나는 사랑받을 자격이 없는 걸까?'라며 관심받지 못하는 자신을 탓하다 자기긍정감이 급격히 낮아지기 쉽다.

어렸을 때는 그 집만의 독특한 분위기가 이상한지 잘 모른다. 부모가 정형 발달인 가정에서도 아이가 중고등학생이 돼서야 '우리 집만 이랬던 거야?'라고 놀라는 경험을 하게 된다. 부모의 가치관은 아이에게 의심의 여지 없이 당연했지만, 중고등학생이 되면 다른 집에는 다른 가치관과 문화가 있음을 조금씩 알게 된다.

아이는 발달장애 부모의 특성과 습관도 당연하게 받아들인다. 그리고 어떤 문제가 생기면 정형 발달인 경우와 마찬가지로, 부모와 아이 모두 아이 쪽에 문제가 있다고 인식해 아이는 '내가 잘못했나?' 자책하고 혼란스러워한다.

ASD 적극기이형

ADHD나 ASD 적극기이형 또는 복합형 부모는 수동형과는 대조적으로 활력이 넘치고 행동력이 있다.

ASD 적극기이형은 남의 이야기를 듣지 않고 자기 말만 하는 경향이 있다. 상대의 반응이나 사정은 개의치 않고 하고 싶은 말을 끝까지 한다. 만약 그 이야기가 재미있으면 그 또한 위험하다. 누가 질문을 해주면 남들도 역시 즐거워한다며 더 장황하게 이어나간다. 이러한 행동을 하는 것은 타자와 자신의 경계가 모호하기 때문이다. 아이가 듣기에 지루한 이야기를 끝도 없이 들려준다는 보고도 있다.

대화에서 듣는 역할을 하는 경우가 적어 ASD 수동형과는 다른 의미에서 아이가 '이해받지 못한다'고 괴로워한다.

'강요하는 습관'은 다른 면에서도 나타난다. 분 단위로 시간을 관리하는 부모도 있다. 아침 기상 시간과 식사 시간이 철저하게 정해져 있거나, 통금시간을 아주 엄격하게 정해 놓고 가족들한테 강제한다.

음식 첨가물에 예민해서 '먹으면 안 되는 음식'이 유달리 많은 가정도 있다. 이 밖에도 동전 단위로 용돈을 관리하거나 간식비나 식사비를 유독 아끼는 부모도 있다. 지나치게 자주 연락하는 부모도 있다. 온종일 아이 걱정에 빠져 하루에도 수십 번씩 연락하는 바람에 아이는 숨이 막힌다.

이 유형의 부모는 종종 '부드러운 폭군'이 된다. 폭군형 부모는 '성공한 사람'인 경우도 드물지 않다. 발달장애의 특성인 집착과 과도한 집중이 공부나 일로 향하면 큰 성과를 낳아 높은 학업 성취와 사회적 성취로 이어진다. 그 경험에서 우러난 자신감이 지나쳐서 아이한테 자신의 가치관을 강요하는 전형적인 패턴이다.

명문대를 졸업한 엘리트 아버지가 아들한테 "명문대에 못 가면 인간쓰레기다"라면서 억지로 공부시킨다. 그래놓고 "공부만 하면 체력이 약해진다"며 돌연 여행에 끌고 간다. 그러다 시험 성적이 떨어지면 "나는 다 잘했는데 너는 왜 그 모양이냐"라며 아이의 자존감을 뭉갠다. 아버지가 '다혈질'인 경우도 있다. 본인이 고집하는 부분을 건드리면 불같이 화낸다.

과거의 가치관을 가진 여성이 이런 부분에 대해 '아버지가 가끔씩 화내긴 하셨죠. 그런데 다른 때는 애정이 넘치셨어요'라고 말하는 경우를 보았다. 그 애정은 결코 거짓이 아니다. 과거에는 아내와 자녀를 '소유물'로 여기는 아버지가 많았다. 자신의 소유물에 애정을 쏟는 행위는 그 나름대로 당연하다. 그러나 소유물에 대한 집착과 인간에 대한 사랑은 다르다. 요즘 사람들이 그 당시의 가족관계 이야기를 듣고 위화감을 느끼는 이유가 이 때문이다.

발달장애 부모가
가족에게 끼치는 영향

발달장애 부모가 있는 가정에서는 이외에도 다음과 같은 일들이 일어난다.

부모가 집안 정리 정돈을 하지 못해 집이 항상 어질러져 있다. 요리에 매우 서툴러 완성하기까지 오래 걸린다. 아이가 학교 갈 때 부모가 일어나지 못해 준비물을 챙겨주지 못한다. 이렇게 집안일과 관련된 문제가 흔하다.

자폐 스펙트럼 장애가 있는 무관심한 아버지가 있는 가정에서는 어머니가 심한 외로움을 느껴 아이한테 의존하기도 한다. 일상적인 수다부터 아버지에 대한 불만과 악담, 어머니 자신의 고민까지 끝없이 토로해 아이를 상담사 역할로 만든다. 이는 아이한테 명백하게 과도한 짐이다. 아이는 이른바 정신적인 '영케어러(Young Carer, 가족 돌봄 아동·청년)'가 된다.

아버지에 대한 악담을 듣고 마음이 무거워지는 아이도 있는 반면 오히려 어머니가 자신을 의지해 기뻐하고 자긍심을 느끼는 아이도 있다. 짐으로 느끼든, 책임감으로 받아들이든, 아이에게는 과도한 부담이며, 너무 애쓰다가 마음의 병이 들기 쉽다.

의사소통이 잘 안 되어 부부 사이가 나쁜 경우도 많다. 오해하고 어긋나거나 고집을 꺾지 않아 자주 다툰다. 발달장애 부모가 바람을 피우는 일도 흔하다. 욕구불만을 억누르지 못하고 충동적으로 행동하고 성욕 억제에 어려움을 겪는다. 남성뿐 아니라 여성도 흔하다.

어떤 경우든 그 뿌리에는 '나는 남편/아내다', '나는 아빠/엄마다'라는 '역할 의식'의 부재가 있다. 부모 역할을 해야 한다는 의식이 부족하다. 좋은 의미든 나쁜 의미든 자기중심적이고 사회나 조직에 순응하기 어렵다.

타인을 잘 이해하지 못하는 특성은 다른 문제로 이어지

기도 한다. 잘 속는 경향이 있어 아이의 거짓말도 간파하지 못하고 순순히 믿으므로 악덕 상술, 사이비 종교 등에 걸려들기 쉽다.

형이 뭔가 실수하고 그 순간을 모면하려고 '동생이 했다'고 거짓말하면 부모는 그 말을 곧이곧대로 믿고 동생을 꾸짖는다. 형이 약삭빠른 아이라면 재미가 들려 계속 그런 식의 거짓말을 한다. 결국 형제 사이도 부모와 자녀 사이도 틀어진다.

아이의 카산드라 증후군

앞서 카산드라 증후군을 여러 번 언급했다.

증후군은 의학용어는 아니다. 카산드라 증후군은 발달 장애인과 함께 있는 사람, 예컨대 연인이나 배우자가 이들과 의사소통에 어려움을 겪다 심신이 나빠진 상태를 일컫는다. 정신의학상의 정식 진단명은 적응장애라고 할 수 있다.

우울감, 무기력, 의욕 및 집중력 저하가 특징이다. 생각이 막히고 말수가 줄어들며 자신을 가치 없는 인간으로 여긴다. 불면, 식욕부진 등의 신체 증상이 나타나기도 한다. 남편과의 불화로 외로움을 달래려고 아이한테 의존하고 상담자 역할을 부여하는 어머니를 카산드라 상태로 볼 수 있다.

아이들도 카산드라 상태가 될 수 있다. 어린 시절에 계
속 억울한 상태로 지내지만, 병원에 가지 않다가 어른이
돼서야 겨우 진료받게 되는 경우도 드물지 않다. '어머니
와 대화도 스킨십도 하지 않는다' '명문대에 붙어야 한다
고 아버지가 새벽까지 공부시킨다'는 등의 형태로 나타난
다. 발달장애는 다른 사람들 눈에는 분간이 어려워 '어머
니가 참 점잖으시네' '교육열이 높은 아버지네' 정도로 보
기 때문에, 아이는 계속 피해를 보며 방치된다.

아이는 다른 집이 어떤지 잘 모르므로, 자신에게 잘못
이 있다고 생각하기 쉽다. 엄마는 왜 웃지 않을까, 왜 힘들
어하는 나를 도와주지 않을까. 아빠는 왜 툭하면 화낼까.
고작 1분 늦게 들어왔다고 맞을 일인가. 나는 왜 사랑받지
못할까. 내가 나쁜 애라서……?

독립하기 전까지 이런 의문과 불안에 끊임없이 시달리
는 것은 가혹한 인생이다. 성인이 돼서도 '아무도 나를 이
해해주지 않는다'는 생각에 고착돼 대인 관계가 불안정해
지기 쉽다. 악순환의 고리를 끊을 계기를 만들지 못한다

면, 대인 관계의 문제가 반복된다.

이런 경우 어떤 치료를 해야 할까?

정신과나 심리치료 상담실에서 과거의 경험을 말하는 과정에서 부모가 발달장애라서 그랬던 것이었음을 깨달을 때 불안과 의문에 종지부를 찍을 수 있다.

어른의 카산드라 증후군처럼 이제는 어른이 된 아이들도 원인을 알면 마음이 한결 가벼워져 과거의 짐에서 벗어날 수 있다.

카산드라 증후군에서
복합 PTSD로

발달장애 부모가 학대에 해당하는 행위를 저지른 경우, 아이는 '복합 PTSD' 진단을 받는다.

PTSD(외상 후 스트레스 장애)는 본래 베트남 전쟁에 참전한 군인들이 귀환 후에도 트라우마로 고통받으며 일상생활에서도 어려움을 겪은 증상에 붙은 질환명이다. 당시는 '트라우마'의 정의가 협소해 전쟁, 재해 등 강렬한 체험만 대상이었지만, 점점 학대처럼 장기적·반복적인 체험도 트라우마에 포함되었다. PTSD는 트라우마의 원인이 된 체험이 자주 떠오르거나 해당 체험을 상기시키는 장소나 사건을 거부하는 등의 증세로 나타난다.

PTSD와 증상이 같으며, 장기적·반복적 고통을 경험한 사람이 '복합 PTSD'로 진단받는다. 복합 PTSD의 감정 기복은 더 격렬하다. 자기긍정감이 낮다는 공통점은 있지만, 그 원인이 다르다. 일반 PTSD는 억울한 기분에서 비롯되고, 복합 PTSD는 성장 과정이나 경험이 원인으로 작용한다. 사람들과 친밀한 관계를 쌓는 데 어려움을 겪는다는 점도 특유의 증상이다.

카산드라 증후군을 겪는 사람들은 '이 정도 경험을 '트라우마'라고 할 수 있을까'라고 생각한다. 그러나 '트라우마'의 범위는 앞으로 더 넓어질 것 같다. 전쟁, 학살, 고문, 강간 등의 극단적인 경험뿐 아니라 일상에서 일어나는 집단 괴롭힘, 악성 댓글도 이미 트라우마에 포함되었다. 나중에는 가정에서 일어나는 정신적 폭력이나 정서적 학대 등도 포함될 수 있다.

시야를 더 넓히면, 정신 질환을 보는 관점이 개인의 유약함이 아닌 환경의 문제, 사회적 요인으로 옮겨가는 추세다.

괴로운 일을 겪은 사람한테 '혼자 알아서 이겨내'라며 개인에게 떠맡기는 시대에서 사회 전체의 문제로 받아들이는 시대로 차차 바뀌지 않을까? 정신적 충격을 받은 시민들을 돌보는 사회시스템도 잘 마련되지 않을까 희망을 담아 기대한다.

부모와 아이 모두
발달장애인 경우

발달장애 부모한테서 발달장애 아이가 태어나는 빈도는 정형 부모한테서 발달장애 아이가 태어나는 빈도보다 높다. 운동 신경이나 공부 머리처럼, 부모와 자녀의 능력과 기질은 닮는다. 발달장애 특성도 당연히 닮을 수 있다.

그렇다고 복제인간처럼 부모를 빼다 박은 아이가 태어나는 일은 별로 없다.

유전은 원칙적으로 다음 대에서 평균에 가까워진다. 이를 평균 회귀라고 한다. 부모는 우수한데 아이는 그에 미치지 못하거나, 부모가 그다지 우수하지 않으면 아이는 그보단 우수해지는 경우처럼 예외가 반복되기보다는 원칙적으로 평균에 가까워지도록 설계돼 있다.

따라서 부모가 중증 발달장애인데 아이가 정형 발달인 경우도 있고, '닮았는데 다른' 조합도 많다.

부모의 발달장애 경향에 따라 아이의 발달장애가 정반대의 특징을 띄는 경우도 종종 있다. 부모가 다혈질이거나 독단적인 규칙을 강요하는 공격적인 유형이면 아이는 수동적이다. 이런 경우 뇌의 설계도 역할을 하는 유전자만의 문제는 아니며 집안에서 부모가 절대적으로 더 강한 존재이기 때문에 따를 수밖에 없는 상황 요인도 있다. 즉, 유전보다 양육 때문인 경우다.

아이의 발달장애가 부모한테 물려받은 선천적 특성인지, 부모의 양육 방식 때문에 아이가 후천적으로 발달장애적 언동을 하는지 분명하지 않은 경우도 있다.

발달장애 부모가 방임, 교육 학대 또는 끊임없는 부부 싸움을 하면 아이가 안정감을 잃어 과잉행동을 하거나, 불충분한 양육으로 언어발달이 지연돼 의사소통을 잘하지 못한다. 이는 후천적 요인이므로 학교 교육 등으로 개선되기도 하지만, 아무래도 최초의 영향이 강력하므로 발달과 관련된 문제는 개선되어도 감정 문제가 해결되지 않아 불안과 우울증에 빠지기 쉬운 어른이 되기도 한다.

부모와 자녀 모두 자폐 스펙트럼 장애 수동형이고 서로 한테 무심한 조합도 있다.

서로가 상처받지 않으니 별 탈 없다고 생각하기 쉽지만, 여기에도 문제는 있다. 같이 사는데도 남남 같은 관계가 되고, 외부 접촉도 거의 없어 외딴섬 가정이 될 가능성이 크다. 자녀가 은둔형 외톨이인 채로 중년이 되거나 부모가 치매에 걸린 후 집안이 쓰레기장이 된다. 집에서 부모가 죽었는데 한참 지난 후 사람들이 발견한 심각한 사례도 있다.

어머니와 자녀의 밀착

무관심과 대조적으로 지나치게 밀착하는 부모와 자녀도 있다.

어머니와 딸의 밀착이 가장 많다. 아버지는 '없는 사람'이 되고, 모녀는 딱 달라붙어 연인이나 쌍둥이 같은 상태가 된다.

이러한 밀착은 개인의 자유일 뿐이라는 의견도 있는데, 임상의는 표면적인 현상 뒤에 숨은 질환이나 건강하지 못한 파급 효과들을 살펴본다. 가치관의 차이일 뿐이라면 의학적인 문제가 아니다. 의학적인 관점으로 생각하는 일이 의사의 본분이며 임상에서 필요한 일이다.

모녀가 지나치게 밀착한다면 둘 다 또는 어느 한쪽이

자폐 스펙트럼 장애나 불안장애일 가능성이 있다. 중학생이 돼서도 같이 목욕하는 등 딸이 유아일 때의 습관을 고수한다. 이들한테는 아무렇지도 않다. 딸이 성장함에 따라 자율적인 영역을 점점 더 넓게 인정해 주어야 하는데, 영유아를 대하듯 경계선이 없다는 것은, 뭔가 문제가 있다는 것이다.

이 유형의 모녀는 겉으로는 매우 친해 보이지만, 사실 어머니가 지배적인 위치에 있을 수 있다. 딸의 교우 관계를 통제하며 특히 연애 면에서 자신의 가치관을 강요한다. '이성 교제는 상스럽다' '남자는 더럽다'는 극단적인 가치관을 주입하는 경우도 많으며, 딸은 그 말을 그대로 받아들이기도 하고 반발심을 느끼기도 한다.

술자리, 미팅을 거절하는 단골 멘트는 '집에 늦게 가면 엄마한테 혼나'이다. 하물며 데이트는 '가당찮다'라며 도망친다. 이성에게 작은 호감을 품었을 뿐인데 죄책감을 느끼기도 한다. 경박하다는 말을 들을까 봐 먼저 나서지 못해 20, 30대가 될 때까지 한 번도 연애해보지 못한 사람을 임상에서 많이 봐왔다.

그렇다고 어머니가 모든 면에서 나쁜 사람도 아니다. 결국 딸도 남들과 애써 친해지려고 노력하기보다는 엄마와 있을 때가 훨씬 편하다. 서로에 대해 모르는 게 없어 사소한 일에 신경 쓸 필요가 없고, 어머니는 (실은 계속 지배하면서도) 충실하게 딸을 돌봐주기 때문이다. 그래서 이들은 공모관계이기도 하다.

이런 이유로 양쪽 모두 만족스러워하며 문제를 느끼지 못하는 사람들이 늘어나고 있다. 딸의 사회화 지연 문제는 해마다 불거지고 있다. 1장에서 말했다시피, 현대 사회는 가뜩이나 가족이 사회에서 분리되는 '밀실화'가 심해지고 있어 제3자의 영향이 닿기 어렵다.

이런 유형의 모녀 중에는 10대나 20대의 딸이 섭식장애 등의 질환에 걸려 진찰받는 경우도 있다. '아무래도 이상하다'고 여긴 딸이 마음을 굳게 먹고 어머니와 싸워 자립하려고 하기도 한다. 그러다 둘 다 더 괴로워지기도 한다. 어머니가 스토커처럼 집착하거나, 연을 끊거나, 재판으로 가기도 한다. 고통스럽더라도 관계를 전환할 계기를 마련해야 한다. 기회를 놓치면 모녀가 함께 늙어가며 영영 사회에서 고립되는 길로 빠져버릴지도 모른다.

딸이 지배적 위치에 있는 경우도 있다. 난동을 피우거나, 자기 방에서 나오지 않거나, 자살을 암시해 어머니를 조종하고 자신을 파괴한다. 딸이 죽거나 나쁜 길로 빠지면 안 된다는 생각에 어머니는 자기도 모르게 딸에게 약해진다. 이 상황을 타파할 때도 고통이 동반된다. 둘 다 고통을 회피하면 문제를 해결할 수 없다.

어머니와 아들의 밀착도 있다. 정식 명칭은 아니지만, 마더 콤플렉스라고 부르기도 한다. 은둔형 외톨이의 뿌리에 모자의 밀착이 있는 경우는 드물지 않다.

발달장애 부모를
어떻게 대해야 할까?

이번 장을 읽으면서 '우리 부모님은 발달장애(또는 그레이존)였던 것 같아' 이렇게 알아차린 사람도 있을 것이다.

부모와 함께 살고 있거나, 아니면 따로 살지만 만날 때마다 불편한 감정이 든다면 발달장애에 관해 더 자세히 배우길 권한다. 이해가 깊어지면 과거의 부조리한 체험에 정말로 이유가 있었음을 알게 된다. 게다가 좋은 대처법도 발견할 수 있다.

발달장애의 양상은 사람마다 다 달라서 모두한테 유효한 방법은 없다. 그렇더라도 지금은 인터넷 시대라 검색만 하면 수많은 사례가 나오고 그중에서 참고가 되는 사례를 찾기는 어렵지 않을 것이다. 다양한 사례에서 공통점을 추출하고 변형해서 실천해 보자.

발달장애인과 잘 지내는 방법 중 하나는 '갑작스러운 변경을 자제하는 것'이다.

이들은 평소 하던 대로 하지 않거나 일정이 꼬이는 것을 힘들어한다. 함께 행동할 때는 '처음에 여기에 갔다가, 다음엔 여기에 들러서 이걸 산다. 예산은 이 정도다'라는 형태로 모든 일정을 상세히 알려주고 말한 대로 행동하면 잘 따른다. 귀로 들어오는 정보에 취약한 사람도 많으니 반드시 전달해야 할 정보는 종이에 적어서 준다.

또 다른 방법은, 과거의 경험을 자세히 파악하고 말과 행동을 관찰해 '무엇에 집착하는가'를 찾아내는 것이다.

시간에 까다로운 부모라면 시간만큼은 엄수한다. 집착하는 부분만 건들지 않으면 그 외에는 어느 정도 자유롭게 행동해도 문제가 커지지 않는다.

반드시 그렇지는 않지만 작은 계기로 집착이 사라지기도 한다. '세상의 규칙은 이런 거야' '지금은 방식이 달라졌어' 등 집 바깥에 있는 '더 큰 규칙'을 만나면 의외로 순순히 따르는 사례도 있다.

이때, 부모의 방식을 전면 부정하지 않도록 주의해야
한다. '말도 안 되는 소리야' '이상해' '무슨 말 하는지 하
나도 모르겠어'라고 말해봤자 혼란스러워져 억지만 부린
다. 부정하지 말고 일반론을 슬쩍 내밀어보자. '밑져야 본
전'이라는 가벼운 마음으로 시도해보자.

'부모한테 일어난 일'을
알게 된다면?

3장부터는 부모의 정신 질환 및 부모와 자녀 사이 문제가 발생하기 쉬운 조건들을 살펴본다. 세부적으로 분류하면 대략 20항목이다. 부모와의 관계가 원만하지 않았다면 일치하는 항목이 여러 가지일 것이다. 관계의 문제는 복합적이고, 정신 질환은 단 하나의 이유로 발병하지 않기 때문이다.

정신 질환 발병은 여러 유전자의 영향과 스트레스의 영향을 받는데, 스트레스 요인도 한 가지가 아니라 여러 가지일 때 질환으로 이어진다.

나는 이것을 '불행의 연속'이라고 표현한다. 타고난 유전자, 자라난 환경, 경제력, 부모의 가족관계, 트라우마 유무, 직업 등 인생을 결정하는 중요한 국면에서 계속해서 불행이 겹칠 때가 드물게 있다.

보통은 일어나지 않을 일이다. 어떤 부분이 나빠져도 다른 면이 좋아지는 법이라 약간의 상처는 묻히고 아물기도 한다.

불행이 연속해서 겹치는 것은 주사위를 여섯 번 던져 6만 연속으로 나오는 굉장히 희박한 확률과도 같다. 그러나 아무리 희박해도 0은 아니다. 낮은 확률로 안 좋은 패가 연달아 나오는 사람이 정신 질환에 걸린다.

이러한 부모의 불행은 그 자녀가 부모한테 받은 피해와 밀접한 관련이 있다. 이를 제대로 알게 되면 어린 시절의 불우한 경험을 보는 관점이 달라진다.

부모는 어떤 사람들이었는지 탐구하며 기억을 객관적으로 다시 정리해보자.

제3장

부모는 어떤 사람이고,
어떤 문제가 있었나?

'부모 이해'를 방해하는 필터

부모가 '나한테' 어땠는지가 아니라, 제3자의 객관적인 시선에서 한 명의 인간으로 이해해본다. 상당히 어려운 작업이다. 있는 그대로 보려 해도 필터에 걸리기 때문이다.

우선 유소년기의 각인을 들 수 있다. 부모는 태어난 순간부터 곁에 있는 '최초의 어른'이다. 어릴 때는 의지할 수밖에 없고 대단한 존재로 보인다. 무력한 아이들에 비해 뭐든 잘하고, 뭐든지 다 아는 완벽한 인간으로 말이다. 기억에 스며든 이 환상은 성장해서 부모의 결점을 알게 된 후에도 잘 사라지지 않는다.

부모는 아이한테 최초의 벽이기도 하다. 예의범절 교육을 받거나 이것저것 지적받으면서 아이는 '하고 싶다고

다 해도 되는 건 아니'라는 것을 깨우친다. 이 과정에서 아이는 부모를 사회나 세상 전체를 대변하는 존재, 규칙의 화신처럼 받아들인다. 부모는 한낱 개인인데도 아이의 뇌 안에서는 저항할 수 없는 강력한 상징으로 존재한다.

또한 단순하게 '애정을 원하는' 아이로서의 본능이 있다. 그런데 원하는 만큼 주어지지 않는다면 고통을 느낀다. 원하는 것을 얻을 수 없으므로 극성팬처럼 변하고 부모를 객관적인 관점으로 볼 수 없게 된다.

그렇게 어른이 된 후, 부모가 강력했던 만큼 일방적으로 자신에게 잘못했다고 여기는 사람도 많다. '나쁜 부모 때문에 내 인생이 꼬였어.' 성인이 된 자신의 문제를 이해하지 못하고 해결할 수 없을 때 부모를 나쁜 사람으로 만들면 편리하다. 이 또한 필터다. 자신의 문제와 직면하지 않으려고 부모를 원망하고 객관적인 이해를 회피한다.

대단한 존재로 떠받드는 쪽이든 강력한 적으로 미워하는 쪽이든 아이가 생각하는 부모의 모습은 실상보다 과장된 것이다.

이 필터를 제거하려면 '물리적 현실'과 '사회적 현실'의 개념을 알아야 한다. 초밥을 생각하면, 보통 '비싸다' '맛있겠다'는 관련 개념을 떠올린다. 즉 자동적으로 '의미 부여'를 한다. 이를 사회적 현실이라고 한다.

여기서 '의미'를 떼어낸 본연의 상태가 물리적 현실이다.

초밥은 생선과 쌀로 이루어져 있다. 긴자의 고급 스시도 마트의 저렴한 포장 스시도 물리적 현실은 거의 똑같다.

부모에 대해서도 이렇게 생각해보자. 위험한 존재, 무섭다, 넘을 수 없는 벽 같은 의미 부여를 떼어내고, 최대한 물리적 현실에 다가가 오로지 '어떤 사람인가?'만 생각해본다.

3장에서는 이런 접근이 수월하도록, 물리적 현실의 기본적인 구조를 설명한다.

부모에 대한 기본 지식

부모의 성장 과정과 배경

나는 내원자에게 부모는 어떤 사람인지 생각해보라고 할 때, 부모의 성장 과정부터 묻는다. 부모에 관한 객관적 사실을 정리하는 일이 이해의 첫걸음이다. 부모가 어떻게 자라온 사람인지 정리해보자.

우선은 부모의 탄생과 가족 구성부터 살핀다.

태어난 연도, 태어났을 때 조부모의 나이 그리고 형제는 몇 명이고 몇 번째로 태어났는지 묻는다. 나는 진료실에서 화이트보드에 가계도를 그려 정리한다.

아래의 항목들도 물어본다.

- 조부모의 직업

- 부모와 조부모의 관계, 형제자매와의 관계

- 조부모의 부부 사이, 집안 분위기

- 집이 부유했는가, 빈곤했는가?

- 어떤 동네에서 자랐는가? (고향과 지방색 등)

- 무엇이 유행했고, 어떤 문화였는가? 그 세대의 상식은?

- 부모가 만난 과정, 결혼한 나이, 출산 당시의 나이

- 부모의 직업, 소속 업계, 보유 기술이나 전문성

이렇게 물어봐도, 서장에서 언급했듯 모른다는 답이 많다. 부모 때문에 괴로워하는 사람일수록 부모의 배경을 잘 모르는 경우가 많다. 부모 때문에 그토록 괴로워하면서 왜 이런 기본적인 사항도 모르고 있을까? 알고 싶어 하는 것이 당연하지 않을까?

이유는 다양하다. 부모가 멀게 느껴지고 대화가 적었다는 사람도 있고, 대화는 많이 하는데 그런 이야기는 왠지 화제에 오르지 않았다는 사람도 있다.

분명 부모한테 들었는데 기억하지 못하기도 한다. 부모를 과대평가하거나 반대로 부모를 증오하면 부모의 실

제 모습을 알 수 있는 이야기를 무의식중에 흘려듣기 때문이다.

진료할 때 시간을 들여 이 '누락된' 지식을 채운다.

부모에 대해 사실 잘 모른다는 것을 깨달았거나, 그냥 알고 싶지 않아서 구체적인 정보를 외면했다면, 부모에게 직접 물어보거나 아니면 형제, 조부모, 친척한테 물어보아 객관적 정보를 파악해보자.

환경의 영향, 질환의 가능성

부모의 역사를 알고 나면 '실은 이랬을지도 모른다'는 새로운 관점을 얻게 된다. 만약 태어난 시기가 전후 폐허가 된 시기였다면 제대로 돌봄도 받지 못하고 굶주리며 성장했을지도 모른다. 학생운동이 한창이던 시절 대학생이었다면 정신적 방황이 심했을 수도 있고, 고도 경제성장기에 사회인이 되었다면 젊은 시절 휴일도 없이 일에 치여 살았을 수도 있다. 부모가 어떤 마음으로 젊은 시절을 보냈을지 상상력을 발휘해보자. 융통성이 없고 자기중심적이며 외벌적(뜻대로 되지 않는 일이 생겼을 때 그 책임을 남에게 돌리는 것)이라서 오히려 불행, 고난, 빈곤을 견뎌낸 걸지도 모른다. 생존을 위해 여린 마음을 감추고 일부러 냉혹하게 살았을지도 모른다.

집안의 경제력, 지역 문화, 소속 업계의 분위기도 부모의 인격 형성에 깊이 관여한다.

내원자에게서 이러한 배경을 알아내는 동시에 부모의 지적 수준과 질환 유무도 추측한다. 이 배경과 내원자가 말한 부모의 에피소드를 복합적으로 검토하면서 발달장애, 경계성 지능, 우울증 등의 가능성이 있는지 확인한다.

하지만 내원자한테 이런 가능성을 전달하기는 조심스럽다. 내원자의 부모를 직접 상담하거나 치료하는 상황이 아니라서 정보가 제한되고 윤리적인 문제도 있다. 불확실한 상태에서 전달하면 불필요한 혼란을 초래할 수도 있다.

대화가 진전되고, 내원자들도 기본적인 지식을 습득하게 되면, 대부분 먼저 "선생님, 저희 부모님이 혹시 ~일까요?"라고 묻는다. 나는 긍정도 부정도 하지 않고, 그럴 가능성이 있다고만 대답한다.

이건 사물을 보는 내원자의 관점에 객관성이 갖춰졌다는 신호다. 이쯤이면 내원자도 의사가 답변할 수 있는 것과 없는 것의 경계를 어느 정도 알기 때문에 확실한 답변을 요구하지 않는다.

일반적으로 아이는 부모의 지적 수준을 평가하지 않는다. 반발심에 멍청하다고 욕을 할지언정, '아빠는 지능이 낮은 것 같아.' '엄마랑 같이 국어시험을 보면 초등학생인 내 성적이 더 좋을걸' 같은 발상은 하지 않는다.

호의도 원망도 없이 남이라고 생각하고 부모의 객관적 모습을 냉정하게 평가해보자.

무얼 잘하고 무얼 못하는지 눈여겨보는 것이 좋다. 잘하는 것과 못하는 것이 같은 사람의 실력이라고 하기에는 너무 차이가 심하면 '이 정도면 발달장애가 아닐까?' 하면서 알아차릴 수도 있다.

발달장애와
다양한 2차 질환

이제, 부모와 자녀 사이 문제를 정신의학적으로 살펴보자.

2장에서 설명한 '발달장애'를 중심으로 훑어보면 이해하기 쉽다.

다음 표를 보자. 정형 발달인과 발달장애인이 있다. 발달장애인과 함께 사는 정형 발달인의 마음에 병이 들면, 이것이 바로 카산드라 증후군이다.

반대로, 정형 발달인에 의해 발달장애인의 2차 질환이 발생하기도 한다. 학교의 집단 괴롭힘이 전형적인 예다. 사회인이 돼서도, 정형 발달 상사나 동료가 발달장애의 특성을 이해하지 못해 '왜 이런 일도 못 하냐' '책임감이 없다' '업무에 방해를 주다니 민폐다' 이런 식으로 몰아붙

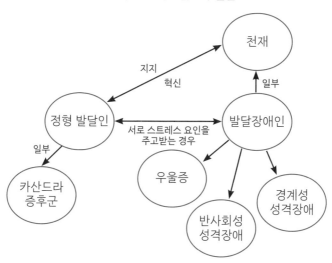

발달장애와 관련된 2차 질환

천재

지지
혁신

일부

정형 발달인 ← 서로 스트레스 요인을 주고받는 경우 → 발달장애인

일부

카산드라
증후군

우울증

반사회성
성격장애

경계성
성격장애

이는 일이 흔하다.

이런 경험이 쌓여 사회 부적응을 일으키면 2차 질환이 발생한다. 어떤 질환에 걸리는지는 사람마다 다르다. 여러 질환이 복합되기도 하는데, 발생 가능한 모든 질환을 따라가다 보면 거의 모든 정신 질환을 망라하게 된다.

우울증, 불안장애, 양극성 정동장애(조울증), 강박장애.

경계성·반사회성·회피성 성격장애.

쇼핑·약물·도박 의존증.

그리고 PTSD(외상 후 스트레스 장애). PTSD는 성폭행 등의 피해를 당한 후 발병하기도 하고, 부모의 학대, 지속적인 학교 폭력 등으로 복합 PTSD가 되기도 한다. 증상이 심해지면 자해, 섭식장애 등도 일어날 수 있다.

한편, 매우 드물게 발달장애인 중에는 '천재'로 불리는 사람들도 있다. 천재는 정형 발달인보다 발달장애적 특성이 있는 사람들 중에 더 많은 것 같다. 자신만의 세계에 몰입하고, 타협하지 않으며, 예사롭지 않은 집중력으로 무언가에 몰두한다. 발달장애인과 비슷한 그러한 특성이 좋은 형태로 발현되면 그 사람은 천재로 불리거나 세상을 이끄는 지도자가 된다. 이때는 정형 발달인이 천재를 지지하는 역할을 한다.

소수의 발달장애인 중에서도 극히 일부만이 천재성을 발휘해 인류의 발전과 진화를 이끈다. 어쩌면 발달장애와 관련된 유전자는 이런 의미에서 인류에게 필요한 것인지도 모른다.

한편, 발달장애는 탄광의 카나리아(위험을 미리 알리는 경보 신호. 과거 광부들은 일산화탄소에 민감한 카나리아를 광산에 데려갔다. 카나리아가 힘들어하면 작업을 멈추고 일산화탄소 중독 위험을 피했다. - 옮긴이)이기도 하다. 즉, 발달장애인은 이 사회와 환경의 문제점을 가장 먼저 감지하는 민감한 카나리아이기도 하다.

우리가 정신 질환이라 부르는 것들은 사회와 밀접한 관련이 있다. 그러므로 환자의 개인적인 문제로 치부하지 말고, 정신 질환을 통해 사회의 문제점을 발견하는 즉시 대책을 세우면 좋겠지만, 정신 질환으로 사회적 문제를 환기하고 검토하고 개선하는 체제는 아직 마련되지 않았다. 임상의로서 매우 안타까울 따름이다.

부모가 경계성 지능이라면?

우선 경계성 지능을 살펴보자.

경계성 지능이 발달장애와 다른 점은, 발달장애는 부분적으로만 지적 능력에 문제가 있지만, 경계성 지능은 전반적으로 지적 능력이 '약간 낮다'는 것이다.

가혹한 현실이지만 인간의 능력과 지능은 평등하지 않다. 키가 크고 작고, 운동을 잘하고 못하는 사람이 있듯이 지능도 평등하지 않다. 하나를 잘하지 못하면 다른 하나를 잘하니 결국은 모두 똑같다는 이야기도 아니다. 지적 능력이 낮다고 해서 다른 능력이 뛰어나지는 않다. 현실은 평등하지 않다.

유명한 지표 중 아이큐가 있다. 아이큐를 측정하는 방

법을 간단히 설명하면 '정신연령/실제 연령×100(기준)'
이다. 실제 나이보다 정신연령이 높으면 아이큐가 높고,
실제 나이에 비해 정신연령이 낮으면 아이큐가 낮게 나온
다. 만약 스무 살 청년의 정신연령이 14세면 아이큐는 70
이다. 여기서 말하는 정신연령은 지적 능력이다. 예를 들
면, 아이가 3세가 되면 삼각형을 그릴 수 있다는 식으로,
해당 연령의 평균 지적 능력에 도달했는지 여부로 정신연
령을 측정한다.

아이큐를 정규분포로 정리해보면 2.2%가 아이큐 70 미
만에 해당한다. 이 영역의 사람들을 '지적장애'라고 한다.

그리고 지적장애는 아니지만, 이 수치에 근접한 아이큐
70~85를 '경계성 지능'으로 분류한다. 7명 중 한 명이 이
에 해당한다. 상대적으로 지능이 낮은 것일 뿐, 질병이나
장애가 아닐 수도 있지만, 사회생활에서 겪는 어려움은
많다.

경계성 지능은 겉만 보고는 분간할 수 없다. 전문가가
대화를 나눠도 쉽게 짐작하기 어렵다. 열심히 하면 학업
성적도 그런대로 잘 나온다. 그러나 실은 안간힘을 쓰며

따라가는 것이라 버겁게 느낀다.

두뇌 회전이 느려 사회에 나가 무슨 일을 해도 남들보다 오래 걸리고 요령이 없어 뒤처지기 쉽다. 변화를 꺼리고 쉽게 불안해지는 경향도 있다. 회사에 취직해도 계속 지적당하고 질책당해 바로 그만두고, 우울증에 걸리거나 은둔형 외톨이가 되는 등 어려움이 많다.

경계성 지능 부모가 있는 가정에서 일어나기 쉬운 일들은 다음과 같다.

방임과 관련된 학대 위험이 있다. 차 안에 방치된 아이가 열사병으로 사망했다는 뉴스가 이따금 세상을 경악시킨다. 이런 종류의 사건을 일으키는 부모는 지적 문제가 있어서 앞일을 예측하지 못해 문제를 일으킨 것일 수도 있다. 차 내부 온도가 얼마나 올라갈지 몰랐을 수도 있다. 애초에 열사병 개념을 이해하지 못했을 수도 있다.

이 정도로 심각한 사례는 아니어도 가사와 육아에 금세 진이 빠져 아이한테 화를 내기도 한다. 혼자서 다 하지 못해 아이한테 집안일을 시킬 수도 있다. 2차적 우울증으로 아침에 일어날 수 없게 되면 아이가 집안일을 도맡는 '영케어러' 문제도 발생한다.

여기까지 읽고 짚이는 구석이 있어도 인제 와서 연세가 드신 부모님께 지능검사를 받게 하기는 어렵다. 하지만 하나의 가능성으로 새겨두는 것도 부모를 객관적으로 이해하는 데 중요하다.

우울증에 걸린 부모

우울 상태와 우울증의 차이, 우울증의 증상

우리는 자주 '우울증'과 '우울 상태'를 혼동한다. 우울 상태는 기분이 가라앉고, 멍하고, 집중이 잘되지 않으며 식욕부진, 불면, 불안, 죽고 싶은 생각이 드는 상태다. 인구의 약 10% 정도가 우울 상태를 겪는다는 통계가 있다.

이중 스트레스로 인한 우울 상태를 '적응장애'라고 한다.

우울증은 뇌의 질병이 원인이 돼 주기적으로 우울 상태가 반복된다. 인구의 약 1~5% 정도가 겪는다고 알려져 있다.

우울증은 유전자와 스트레스로 인해 발병한다. 스트레스가 심하면 누구한테나 발병할 수 있고, 유전적 소인이 강하면 큰 스트레스 없이도 발병한다. 그런데, 우울증과 적응장애의 차이는 현실에서는 의학 교재의 설명처럼 단순하게 분류되지 않는다. 뇌과학에서 아직 밝혀지지 않은 부분이 많아 이처럼 모델로서만 분류해놓은 실정이다.

우울증은 주기가 있는 질병이므로 치료도 '초기 – 급성기 – 회복기 – 재발 예방기' 네 단계로 나누어 진행한다. 이 흐름을 통틀어 '우울병상'이라고 한다. 약물치료는 병상을 단축하고 기분 저하도 크게 완화해준다고 보고된다.

초기에는 기분이 가라앉으면서도 약간 오르내린다. 피로가 한계에 달했는데도 쉬지 않고 일하는 '과잉적응'을 보이거나, 겉으로는 기운 넘쳐 보이지만 마음에 여유가 없어 초조해지고 쉽게 화내는 모습도 초기 증상에서 자주 관찰된다.

급성기에 들어서면 '다른 사람 같다'는 말을 들을 정도로 아무것도 할 수 없게 된다. 행동을 할 수 없고, 잠들지 못하고, 머리가 굳어 책도 읽지 못하는 상태가 된다.

회복기가 되면 기분 저하도 덜하고 수면시간은 급증한다. 하루에 대략 15시간 자다가 밥 먹을 때만 일어나는 사람도 있다. 잠을 통해 뇌가 회복하는 기간으로 보인다.

회복기 동안에도 기분이 오르내리지만 이내 안정되면서 재발 예방기로 넘어간다.

우울증 부모의 아이한테 일어나는 일

'혹시 부모님이 우울증이었던 걸까?'라는 생각이 드는 사람은 하나 더 알아둘 게 있다. 바로, 우울증 환자에게 흔한 '3대 망상'이다.

① 심기망상 : 자신은 중병에 걸렸고, 가족들이 그 사실을 감추고 있다는 망상이다. 불안한 마음에 병원을 여기저기 다니지만 건강하다는 의사의 말도 의심한다.

② 죄책망상 : 자신을 나쁜 인간이라고 믿는 망상이다. 과거의 철없던 악행을 떠올리고는 후회하며 울음을 터뜨린다.

③ 빈곤망상 : 실제로는 돈이 있는데 '돈이 하나도 없다'며 불안에 떠는 망상이다.

부모가 망상에 빠져 소란을 피우거나, 죽고 싶다고 말하거나, 내리 잠만 자는 것을 보는 아이의 내면은 극도로 혼란스러워진다. 도무지 이해할 수 없는 일이 일어났다는 느낌을 받는다.

보통 주변 어른들이 부모를 병원에 데려가 입원이나 통원 치료를 받게 하는데, 아이는 이 상황을 종종 이해하지 못한다.

"엄마는 마음에 병이 생겼어"라고 아버지가 설명해줘도 '내가 무슨 잘못을 했나?' '내가 말을 안 들어서 엄마가 힘든 걸까?'라는 식으로 자기 자신과 연결해 해석하고 상처받는다. "엄마 아프니까 얌전히 있어"라는 대수롭지 않은 말 한마디에 죄책감에 불이 붙기도 한다. 부모가 "네가 자꾸 말썽을 부리니까 낫질 않잖아"라고 아이를 탓하기도 한다.

아이의 뇌가 아직 다 발달하지 않았기 때문에, 자신과 상관없는 일을 자기중심적으로 생각할 수 있다. 아이의 인지와 발달 특성을 고려해 실제로 어떤 일이 일어났는지 설명해주는 것이 중요하다.

부모가 우울증인 가정은 궁핍해질 위험성도 높다. 가족을 부양하는 사람이 우울증에 걸려 주요 수입원이 끊기는 직접적인 원인 외에도 간접적·장기적 인과관계로 빈곤해지기도 한다.

어머니가 집안일을 할 수 없게 돼 아이가 영케어러가 되면, 학교에 자주 빠지거나 공부가 뒤처지기 쉽다. 이렇게 되면 대학에 진학하거나 직업교육을 제대로 받지 못해서 성인이 되었을 때 안정적인 직업을 갖지 못해 빈곤해진다. 이처럼 이 대, 삼 대에 걸쳐 문제가 대물림되는 가정도 많을 것이다.

불안장애의 세 가지 유형

불안장애는 말 그대로 보통 사람보다 신경이 극도로 예민하고 잘 불안해져 사회 부적응을 일으키기 쉬운 병이다. 불안장애는 감정 조절을 관장하는 뇌 속의 '편도체계' 균형이 무너지면 생긴다. 여러 불안장애 중 주요 세 가지만 살펴본다.

① 공황장애

심장 박동이 갑자기 빨라지며, 호흡곤란·식은땀·손발 저림 등의 '공황 발작'이 일어나고, 이러다 죽겠다 싶을 정도의 공포를 느낀다. 언제 또 발작이 일어날지 모른다는 불안이 종일 지속된다(예기불안). 증상이 나타났을 때 급하게 빠져나

가야 살 수 있을 것 같다고 느끼므로 원할 때 바로 빠져나오기 어려운 버스나 지하철 등의 대중교통을 이용할 수 없게 돼 사회생활에 어려움을 느낀다(광장공포증).

② 사회불안장애

사람을 대할 때 불안을 느낀다. 다른 사람들 앞에 서면 얼굴이 빨개지고 심장이 두근거리기 때문에 어떻게든 그 상황을 피한다. 타인의 시선에 극도로 예민하고, 상대가 어떻게 생각할지 신경 쓰다 불안해진다. 불안을 피하려고 사람과의 접촉을 피하다 보니 다른 사람을 이해하고 교류하는 방법을 배우지 못한다. 부딪히고 성장하는 경험을 하며 인지를 수정하지 못해 더욱 인간관계를 회피하는 악순환으로 이어진다.

③ 범불안장애

불안 대상이 명확하지 않아 전반적인 불안이 계속되는 상태다.

불안을 잘 느끼고 신경이 예민하다고 하면 보통 'HSP (Highly Sensitive People, 매우 민감한 사람)'를 떠올린다. 하지만 HSP는 정신의학상의 개념이 아니다. '제가 HSP인가요?'라고 묻는 사람한테는 불안장애 진단이 내려질 수도 있다.

불안이 심해져 우울증도 생기면, 불안을 견디지 못하고 알코올 의존증에 빠질 위험도 있다. 나중에 설명할 '성격 장애'도 같이 발병할 수 있다.

이런 병에 걸린 부모는 생기와 활력이 사라져 아이를 방치하게 된다. 불안장애가 있으면 외출뿐만 아니라 집안 일과 육아를 할 기력도 잃는다. 아침에 일어날 수 없고, 식사도 준비할 수 없고, 세탁기도 돌릴 수 없는 상태다.

가족 여행도 힘들어하고, 남들 눈을 피하느라 집 근처 슈퍼에 가는 데도 어려움을 겪는다. 아이의 스트레스는 당연히 높아지며, 영케어러로 생활하며 학습 기회 등 여러 좋은 기회를 잃고, 나중에 빈곤해질 가능성이 있다.

조현병이 있는 부모

환각과 망상에 사로잡히는 병

조현병은 정신과 질환 중 가장 심각한 병이고, 인구의 약
1% 정도에서 발병한다.

과거에는 주된 원인을 뇌 속의 신경회로 '도파민계'의
이상으로 보았지만, 최근에는 'NMDA 수용체' 'GABA
수용체'의 이상도 원인으로 보고 있다. 어머니가 임신 중
에 감염증에 걸리면 아이의 조현병 발병률이 높아진다고
알려지면서 염증 메커니즘 관점에서도 연구가 진행되고
있다.

발병 시기는 10~20대 무렵이 가장 많다. 사춘기 후반기
에는 뇌가 커지는 동시에 쓰지 않는 뇌 회로를 가지치기

하는 '프루닝(Pruning)' 작업이 일어나는데, 이 과정에서 발생하는 이상이 조현병의 원인이 된다는 가설도 있다.

아직 원인에 대해 밝혀진 바가 많진 않지만, 증상은 극심한 환각 망상이며 동서고금을 막론하고 수많은 임상의에 의해 기록과 치료가 계속돼왔다.

환각 중에는 환청이 압도적으로 많으며, 이 환청의 유무가 진단의 주요 열쇠다.

'나는 신이다' '나는 그 사람의 환생이다' 같은 과대망상도 있지만, '사람들이 나를 비웃는다' '쫓기고 있다' '날 죽이겠다는 목소리가 들린다' 등의 피해망상이 더 많다. 이러한 공포감 때문에 날뛰거나 고통에서 벗어나기 위해 자해를 시도한다.

발달장애에서 조현병이 동시에 나타나는 케이스도 흔하다. 발달장애적 특성이나 집착 정도로 생각했는데 알고 보니 망상 증상의 전조였던 경우도 있다.

증상의 경과는 다음과 같다.

① 전구기 : 이유 모를 위화감이나 불안감을 느낀다.

② 급성기 : 양성증상(환각·망상·혼란)이 한꺼번에 나타

난다.

③ 소모기 : 음성증상(혼자 있으려 한다·불안이나 억울함을 느낀다)이 나타난다.

④ 유지기 : 모든 증상이 가라앉는다.

조현병 치료는 약물치료가 중심이다. 뇌 기능 이상으로 생긴 병이기 때문에 일단 약물로 증상을 조절하면 치료 효과가 높다. 환각이나 망상 증상은 상담 등의 대화 치료 로는 효과가 낮아 일반적이지 않다. 오히려 혼란을 부추 길 수 있으니 대화는 어디까지나 신뢰 관계 형성을 위한 보조 수단이다. 자해하거나 남을 해칠 우려가 있으면 입원을 권유한다. 일본에서는 가족들이 동의하면 의료보험 이 적용되어 입원과 치료 비용이 줄어든다(우리나라에서는 조현병 치료에 건강보험이 적용되고, 본인 부담금에도 산정특례제 도가 있어 의료비가 대폭 감면된다. - 옮긴이).

약물치료에서는 도파민을 차단하는 '항정신병 약물'을 사용한다. 부작용으로는 파킨슨병 증상(보폭이 좁아진다, 표정이 없어진다 등)이나 다리가 가려운 '좌불안석증'이 있다.

이 밖에도 항정신병 약물은 당뇨병 위험을 높이므로 식

사에 주의를 기울여야 한다.

　조현병은 조속한 치료가 중요하다. 복지 지원도 필요한 병이다. 환자의 가족이 국가나 지자체에 어떤 지원 시스템이 있는지 알아봐 두면 나중의 상황을 대비할 수 있다. 장애인 수첩(일본의 복지제도로 일종의 장애인 신분증이다. 교통비, 수도세, 휴대폰 요금 등의 지원 및 세금 우대를 받을 수 있다. ─옮긴이), 장애인연금, 각종 생활보호 제도를 활용하면 기본적인 생계를 유지하는 데 도움이 된다.

아이는 혼란과 공포를 느낀다

아이는 부모의 조현병을 이해하기 어려워한다. '왜 우리 엄마(아빠)는 이상한 말을 하지?' '나한테는 아무 소리도 안 들리는데 무슨 소리가 들리는 거지?' 아이는 어쩔 줄 모르지만 당황해서 물어보지도 못하고 그저 불안하게 지내는 경우가 많다.

　주변 어른들이 부모를 병원에 데려가 아이가 부모의 병명을 알게 돼도, 이해는 또 다른 영역이다. 고등학생, 대학생이 돼서도 어른들만큼 이해하지 못해 불안한 상태로 지낸다.

병명이나 자세한 설명을 듣지 못하기도 한다.

어릴 땐 잘 모르다가 성인이 돼서 그냥 이해하게 되는 패턴도 많다. 말로 설명할 수 없는 복잡한 감정과 생각들이 이후의 자녀 인생에 영향을 끼친다.

조울증이 있는 부모

눈에 띄게 높은 자살률

양극성 정동장애는 '조울증'으로도 불리는데, 말 그대로 지나치게 들뜬 조증 상태와 우울 상태가 번갈아 나타나는 병이다. 인구의 약 1% 정도에서 발병한다고 알려져 있다.

조증 상태에서는 에너지와 행복감이 넘친다. 끊임없이 말하거나 노래를 부르고, 때로는 화를 내는 고양된 상태가 며칠씩 지속된다. 일주일 이상 지속되는 조증은 '양극성 정동장애 I형', 4일 이상 일주일 미만은 '양극성 정동장애 II형'으로 분류한다.

최소 4일 이상 고양된 상태가 지속되다 우울 상태로 바뀌면 기운이 떨어지고 잠자리에서 일어나지도 못한 채로 몇 주를 보낸다. 이 시기가 지나면 또다시 고양된 상태로 바뀌면서 주기가 반복된다.

양극성 정동장애는 10대에서 20대 사이에 많이 발병한 다고 알려져 있는데, 35% 이상이 진단받기까지 10년 이 상 걸렸다고 한다. 즉 발견되지 않은 채로 지내는 기간이 길다는 특징이 있다. 의사도 우울증으로 짐작하다가 도중 에 조증 상태로 바뀐 걸 보고 그제야 알게 되는 경우가 종 종 있다. 병원 치료를 중간에 관두면 알 길이 없고, 조증 상태가 경미해 '원래는 밝은 성격일까?' 추측하는 수준의 변화라면 조울증임을 파악하기 어려울 수도 있다. 따라서 한 명의 의사한테 최소 1~2년 이상 진찰받아야 알 수 있 는 질환이다.

양극성 정동장애의 가장 무서운 점은 높은 자살률이다. 10% 이상이 자살 시도를 한다고 알려져 있다. 모든 정신 질환 중 '사망률'이 눈에 띄게 높다고 할 수 있다. 2년 이 내에 50~60% 이상 재발한다는 데이터도 있으며, 약물치 료를 하지 않으면 90%로 높아진다.

우울증과 조현병처럼 양극성 정동장애도 뇌 기능 이상 으로 인한 질병이므로 약물치료가 중심이 된다. 항정신병 약물이나 기분 안정제를 사용하며, 항정신병 약물 부작용에는 당뇨병, 좌불안석증, 구토 등이 있다.

약을 끊으면 비참한 결과가 따른다

양극성 정동장애는 유전성이 있다는 특징도 있다.

내가 만난 내원자들 중에도 부모나 친척 중에 양극성 정동장애가 있는 사례가 많다. 그중, '부모가 우울증을 앓는 동안 집안일은 내 몫이었다'라며 성장 과정을 털어놓는 경우도 종종 있다.

유전성은 밝혀졌지만, 원인 유전자는 아직 특정되지 않았다. 그다음 세대에서 무조건 발병하지 않고, 복수의 원인 유전자가 발병에 관여하는 경우와 관여하지 않는 경우가 있다고 한다. 발병에 관여하는 유전자는 너무나도 많다. 그래서 양극성 정동장애의 원인 유전자인 줄 알았는데 조현병이나 발달장애의 유전자일 가능성도 있어 결국 확실히 밝혀진 정보가 없는 상황이다. 원인 특정에 애를 먹고 있어 치료약과 치료법 개발도 더디다.

부모의 병을 물려받았든 아니든 상관없이 환자의 자녀는 몹시 고생한다. 앞선 설명처럼 부모가 우울 상태일 때는 힘든 집안일을 도맡아 해야 한다. 조증 상태일 때는 신경 쓸 일이 더 많아진다.

부모가 쉽게 화를 내고 폭력을 휘두를 수도 있다. 또는 갑자기 대범해져 밖에서 무슨 일을 저지를지 종잡을 수 없다. 길 가다 처음 보는 이성을 성적으로 유혹하거나 거금을 탕진하기도 한다.

약물 복용을 멋대로 중단한 환자가 조증 상태에서 갑자기 집을 산다면서, 자녀의 대학교 등록금을 다 써버린 사례가 있었다.

약을 꾸준히 복용하면 이런 일은 확연히 줄어든다. 꾸준히 병원 치료를 받으면 위태로운 상태가 되어도 즉각 대응할 수 있다. 따라서 치료를 중단하지 않도록 환자를 포함해 가까운 어른들이 각별히 신경 써야 한다.

약을 잘 먹고 있는지, 자살 시도를 하지 않는지 꾸준히 지켜봐야 한다. 그리고 충동구매로 지나친 소비를 할 때를 대비해, 소비자의 계약 해지권 기한과 조건 등을 미리 파악해 두는 것이 좋다. 주변의 어른이 그런 문제에 도움을 줄 수 있다면, 아이가 받을 피해 규모와 양상은 크게 달라진다.

강박장애가 있는 부모

강박장애의 특성

강박장애는 인구의 약 1~2%에서 발병하며, 남성보다 여성한테서 많이 관찰된다.

이 질병은 '강박관념'과 '강박행위'로 성립된다.

강박관념이란, 생각하고 싶지 않은데 생각이 멈추지 않는 사고를 말한다. 강박행위는 그만하고 싶은데 그만할 수 없는 행위다. 청결 강박관념은 손을 몇 번씩이나 씻고, 안전 강박관념이 강하면 불을 잘 껐는지 몇 번이고 확인한다. 문이 잘 잠겼는지 불안해서 자꾸 집으로 발길을 돌리는 경우도 전형적인 증상이다. '하루에 다섯 번 확인하지 않으면 찜찜하다' 등의 규칙성이 동반된다.

대칭에 집착하는 특징도 있다. 텔레비전 리모컨과 라디오 리모컨이 대칭으로 놓여 있어야 직성이 풀린다. 조금만 삐뚤어져도 바로 와서 위치를 정돈한다. 청결에 집착해 일회용 속옷만 입는 사람이 대칭에도 집착하면 위아래 속옷을 반드시 세트로 구비해 놓는다.

집착은 발달장애의 대표적 특성으로 알려져 있다. 발달장애와 강박장애의 행동 패턴에는 닮은 면이 많지만 다른 점도 있다. 바로, 뇌 기능의 이상 유무다.

강박장애의 원인도 조현병이나 양극성 정동장애처럼 뇌 기능의 이상으로 밝혀졌다. 'CSTC 회로'라는 보수계 영역의 과활성 또는 이상 활동이 원인이다. 따라서 약물 치료가 중요하다는 공통점이 있다. 다만, 강박장애는 상담 치료도 중요하다.

상담을 통해 '어떤 병인지' 제대로 이해시키는 것이 중요하다.

'~하지 않으면 불안하다 → ~하면 불안이 가라앉는다'의 반복으로 점점 그 행동에 매몰되는 구조를 설명해주면 환자도 '불안해져도 조금 참아볼게요'라는 발상을 할 수 있다.

'노출요법'도 효과적이다. 오염 공포가 있는 사람한테 '지하철 손잡이를 살짝 잡아본다' 그다음엔 '벤치에 앉아 본다'처럼 두려워하는 상황에 노출시켜 점점 익숙해지면 증상이 완화되기도 한다.

똑같은 행동을 가족한테 강요한다

강박장애가 심해지면 남들한테 자신과 똑같은 행동을 하라고 강요한다. 강박장애 부모의 강박행위에 아이들이 휘둘리게 된다.

청결을 강요하게 되면, 가족이 앉았던 자리를 소독하거나, 아이들 손을 계속해서 씻기거나, 친구를 집에 못 오게 한다. 강박행위를 거부하면 초조해하거나 분노한다.

이처럼 수많은 규칙에 속박된 아이는 심한 스트레스를 받는다. 이 규칙들은 그냥 지켜야 하는 것도 아니고 강박적으로 반복되므로 몸과 마음에 더 큰 부담을 준다.

'뇌 기능의 이상으로 인한' 조현병과 양극성 정동장애와 마찬가지로 강박장애도 이해의 범주를 넘어선 병이다. 조현병의 과대망상, 피해망상은 '그런 생각이 들 수도 있다. 이해한다'는 반응이 절대 나올 수 없는 생각들이다.

양극성 정동장애에 걸린 사람이 우울 상태일 때와 조증 상태일 때 딴판으로 달라지는 모습도 도무지 이해할 수 없는 현상이다.

강박장애가 있는 부모가 있는 아이들은 '왜 꼭 네 개씩 사?' '피가 날 정도로 손을 빡빡 문질러야 해?'처럼 이해 불가한 행동을 강요당한다.

부모가 이해 불가한 공포와 불안에 지배되면 아이는 혼란에 빠진다. 다소 과장해서 표현하면, 인간이라는 존재를 신뢰하지 않게 될 수 있다. '인간은 이런 존재다' '이럴 때는 이런 감정을 느낀다' 등의 일반적인 기준이 통하지 않는 환경에 장기간 노출되면, 아이가 성장한 후 대인 관계에 각종 어려움을 겪게 된다.

성격장애가 있는 부모

여러 유형의 성격장애에 대해 들어본 적이 있을 것이다. 자신밖에 사랑할 수 없는 자기애성 성격장애, 과장된 행위와 허언을 반복하는 연극성 성격장애, 망상이 동반된 편집성 성격장애 등이다.

성격장애는 지금까지 소개한 질환들과 다른 성질을 띤다.

뇌의 병변으로 인해 상식을 벗어난 망상을 하거나 갑자기 사람이 싹 달라지는 질환과 달리 성격장애의 사고와 말과 행동은 '이해의 여지가 있는' 영역이다. 남들한테 미움받고 싶지 않거나, 남한테 피해를 주더라도 내 이득을 챙기려는 마음은 누구한테나 있다. 하지만 그것이 너무도 극단적이기 때문에 '장애'로 분류한다.

주변에서 흔히 볼 수 있으며 부모와 자녀 사이 관계에도 큰 영향을 끼치는 네 가지 성격장애를 살펴보자.

① 경계성 성격장애

대인 관계가 불안정하고 충동적으로 행동할 때가 많다.

버림받지 않으려고 체면을 신경 쓰지 않는 행동을 하기 쉽다. 자신을 비하하고 상대를 이상화하거나 깎아내리기도 해 자신의 정체성 관점이 유동적이다. 감정의 폭이 크고, 분노 충동에 사로잡히면 조절할 수 없는 경향이 있다. 과식, 자해, 자살 협박, 과잉 소비, 난폭운전 등 파괴적인 행동도 한다.

'경계성'이라는 이름이 붙은 이유는 조현병처럼 이해 불가한 영역과 '이해의 여지가 있는' 신경증적 영역의 경계에 있기 때문이다.

다만, 어른의 눈에는 '이해의 여지가 있어도' 자녀들은 힘들어한다. 다짜고짜 화를 냈다가도 '날 버리지 마'라며 동정심을 유발하고 매달리기 때문에 자녀는 마구 휘둘린다. 자녀는 죄책감을 느끼면서도 부모가 원망스러워 마음이 늘 불편하다.

② 자기애성 성격장애

자기 자신만을 사랑하고 타인에 대한 공감성이 현저히 떨어지는 특징이 있다.

본래의 자신보다 더 근사하게 보이려는 욕구가 강하고, 태도가 거만한 사람이 많다. 명품 지향성이 강하고 칭찬과 찬미를 지나치게 탐한다. 특별대우를 받고 싶다는 마음이 강해서 아무렇지도 않게 다른 사람의 몫을 채간다. 서슴없이 타인을 비방하는 특징도 있다.

부모와 자녀 관계에서도 자신이 더 중요하다. 그림 형제의 동화 '백설 공주'의 계모가 자기애성 성격장애에 해당한다고 볼 수 있다. 자신보다 빼어난 딸의 미모를 인정할 수 없는 질투도 이 유형의 어머니가 주로 느끼는 감정이다.

③ 반사회성 성격장애

위법행위에 저항감이 별로 없어 체포될지도 모르는 일을 반복하는 유형이다. 충동적이고 폭력적이며 양심이 없어

숨 쉬듯 거짓말한다. 타인에 대한 공감성은 희박하지만, 타인의 심리를 읽어내고 조종하는 데 능하다.

다른 사람의 권리와 안전을 스스럼없이 침해하면서 자신의 안전에도 비교적 무심하다는 특징이 자기애성 성격장애와 다른 점이다.

이 유형의 아버지를 둔 아이의 태도는 복종적이다. 폭력의 위험에 항상 노출돼 있고, '언제 경찰의 도움을 받아야 할까?' 하는 걱정에서 벗어나지 못한다.

부모처럼 살 건지, 전혀 다른 방식대로 살 건지 갈등하기도 한다. 부모가 바람직하지 않은 방법으로 사회적 성공을 거두기도 해서 이를 답습해 2대, 3대로 대물림되는 경우도 있다.

④회피성 성격장애

사람들이 나를 싫어한다, 나는 보잘것없다는 확신과 공포 때문에 남들과 엮이기를 피한다. 은둔형 외톨이가 되는 경우도 많다.

사회불안장애와 공통점이 많아 의사마다 진단이 갈린다. 사회불안장애는 사람들 앞에 서면 얼굴이 빨개지고 목소리가 나오지 않는 신체적 반응에서 그치지만, 회피성 성격장애는 일상과 인생 전반이 불안에 지배된다는 차이가 있다.

회피성 성격장애는 '창피당할 게 뻔해'라고 미리 단정해놓고 '창피당할 바엔 차라리 죽겠어'라는 극단적 발언도 한다.

회피성 성격장애 부모는 자녀와 연결된 담임선생님, 자녀의 친구와 그 부모 등과도 관계를 형성하지 못하기 때문에 연쇄적으로 아이의 사회도 좁아진다.

더욱이 회피성 성격장애는 형제나 동료 등 가까운 사이도 피하는 경향이 있지만, 아이와 둘만 있을 때는 서로 의존하고 밀착하기도 한다. 그런 의미에서 '은둔형 외톨이 부모와 자녀'로 발전할 위험도 있다.

의존증이 있는 부모

성격장애는 선천적 요인인 유전자와 후천적 요인인 환경에 의한 학습이 둘 다 작용해서 성립되는 질환이다.

그에 비해 의존증은 후천적 요인이 강하다. 유전적으로 쉽게 의존하는 성격도 있지만, 양이 많아지면(뇌의 보수계가 계속 자극되면) 누구나 의존증이 될 가능성이 있다. 술을 계속 마시면 누구나 알코올 의존증이 된다. 도박할 기회가 여러 번 생기면 도박 의존증이 된다. 즉 환경에 좌우된다. 약물에 노출되는 환경이면 약물 의존 위험도가 높아진다. 의존증이 있으면 의지력과 무관하게 밑도 끝도 없이 빠져들게 된다.

부모가 의존증일 때 가족들이 제일 힘들어하는 건 경제

적 타격이다. 의존하는 대상을 얻기 위해 가진 돈을 몽땅 써버려 생활이 어려워진다. 자녀의 학비를 가져다 쓰거나, 빚에 허덕이거나, 집을 담보로 잡았다가 쫓겨나기도 한다.

사회적 신용을 상실해 가족이 붕괴될 위험도 있다. 예컨대 성 의존증 때문에 치한 행위와 도촬을 멈추지 못하다 결국 경찰에 붙잡힌다.

또 하나, 의존증 부모의 '이면성'에 농락당하는 정신적 피해도 있다. 대체로 '술 마실 때 빼고는 다정한 사람' '도박만 안 하면 좋은 사람'이기 때문에 특히 아이들은 부모의 좋은 면을 믿다가 끝내 원망도 못 하고 괴로워한다. 술만 마시면 폭력을 휘두르는 부모는 술이 깨면 '미안하다, 다시는 그러지 않겠다'라고 한다. 그 순간은 진심이지만 결국 반복된다. 도박도 마찬가지다. '다시는 안 할 거야'라고 말해도 돌아서면 잊어버린다. 일 년 후 산더미처럼 쌓인 빚이 들통나는 식이다.

의존증은 의지력과 무관하다고 설명했지만 그래도 당사자의 각오가 치료의 시작이다. '다시는 안 할 거야. 치료를 받아 반드시 고칠 거야'라는 각오 말이다.

전문 시설에 입원해 탈출구를 찾으려는 사람도 있다. 그런 사람도 치료되는 날까지 가족이 지지해 줄 수 있을지, 가정 경제가 붕괴되지 않을지가 관건이다. 그런 의미에서 의존증의 조기 발견과 병원 치료는 가족 전체를 위해 반드시 필요하다.

부모도 학대받은 경우

여기서부터는 정신 질환 외의 요소를 살펴본다.

어린 시절에 부모의 학대를 받은 내원자들한테 부모의 성장 과정을 물으면, 그 부모 역시 학대받았다는 사실을 알게 되는 일이 흔하다. 이른바 '학대의 연쇄'다. 학대받은 아이가 모두 학대하는 부모가 되지는 않는다. 그러나 통계적으로 '그렇게 되기 쉽다.'

폭력을 당한 아이에게는 부모의 방식이 가장 친숙한 '양육' 사례다. 따라서 나중에 부모가 돼 '어떻게 키울까'로 고민할 때 자신이 겪은 방법이 무의식중에 나온다. 양육은 인내의 연속이라지만 부모도 괴로워지면 마지막 순간에 인내의 끈을 놓아버릴 수도 있다.

학대당하고 상처받았기 때문에 오히려 아이를 학대하기도 한다. 공격을 받은 사람은 그 공격을 어디론가 돌리지 않으면 견딜 수 없어 한다. 그 공격이 자신을 향하면 자해가 되고, 남을 향하면 가장 가까이에 있는 힘없는 아이가 대상이 될 확률이 높다.

발달장애나 성격장애의 유전형질은 대물림되기 때문에 스트레스에 취약하고 폭력이 되풀이되는 측면도 있다.

반면, 세대가 바뀜에 따라 학대 성향이 서서히 줄어드는 경향이 있다. 과거에는 체벌이 매우 흔했다. 50대라면 선생님에게 맞은 경험도 적지 않을 것이다. 60대라면, '밥상을 뒤엎는 아버지' 캐릭터가 등장하는 만화나 드라마를 일상적으로 보았을 것이다. 70대라면, 전쟁에서 돌아온 아버지한테 자주 맞은 경험이 있을 것이다. 세대가 내려갈수록 폭력에 기대지 않는 문화가 지배적이다. 학대의 연쇄는 앞으로도 더 줄어들 가능성이 있다.

어찌 되었든, 세대 차이를 고려하면서 당시의 상식대로 부모를 이해하는 것도 치료에서 중요하다.

한편, 부모한테 공격받은 아이가 부모를 용서하고 화해해야 학대의 연쇄에서 벗어날 수 있는 것은 아니다. 그동

안 받은 폭력을 있는 그대로 인식하는 것은, 그 자체로는 부정적인 악순환이 아니다.

튜닝과 프루닝

정신과 의사로서 학대 트라우마가 얼마나 사람을 고통에 빠뜨리는지 잘 알고 있다. 이 세상에 얼마나 심한 학대가 있는지도, 그런 경험을 극복하는 것이 얼마나 어려운지도 알고 있다.

치료도 간단치 않아 설명하기 쉽지 않지만, 짧게 요점만 살펴보겠다.

학대받은 경험은 '과거의 일'로 인식하길 바란다. 지금 당신이 성인이라면 예전처럼 매일 맞고 있지는 않을 것이다.

'그래도 괴롭긴 매한가지다.' '과거의 일인데 이따금 기억이 되살아난다.' 나쁜 기억이 지금 눈앞에서 벌어지는 일처럼 떠오르면 당연히 괴롭다.

하지만 그건 과거의 기억이지 지금 현실에서 일어나고 있지 않다.

그 현상을 객관적으로 들여다보자. 학대가 20년 전에

일어났던 일이라면 10년 전에 그 기억을 떠올렸던 방식과 현재 그 기억을 떠올리는 방식 사이에 차이가 느껴지는가. 예전보다 덜 선명하거나 더 강렬해졌을 수 있다.

이는 뇌 안에서 '튜닝'과 '프루닝' 작업이 일어났기 때문이다. 튜닝은 자주 쓰는 중요한 정보를 강화하는 작업이다. 프루닝은 '가지치기'로 쓸모없는 정보를 지우고 정리하는 작업이다.

사람의 기억 용량에는 한계가 있다. 그래서 뇌에 새로운 정보가 들어올 때마다 튜닝과 프루닝 작업으로 뇌가 최적화 상태가 된다. 오래된 정보와 사용하지 않는 정보는 제거된다. 반대로, 기억을 자꾸 떠올려 강화하거나 일어나지도 않은 일을 실제 이상으로 과장하게 되기도 한다.

튜닝과 프루닝은 매일 일어난다. 자, 기억이 어느 방향으로 가길 원하는가. 제거되는 방향을 원한다면 '현재의 자신'에게 집중해야 한다.

무력했던 어린 시절과는 다르다. 나는 성인이 되었다. 힘도 있다. 지혜도 있다.

기억은 떠올리면 떠올릴수록 튜닝이 돼 잘 잊히지 않

는다.

과거의 일로 결론 내리고, 기억이 떠오르기 전에 현재에 집중하면 점점 프루닝된다(잊힌다). 이 방법만으로 모든 일이 해결되진 않지만, 뇌 안에서 기억이 어떤 형태로 만들어지는지 이해하면 마음을 정리하는 데 도움이 될 것이다.

과거는 바꿀 수 없지만, 해석은 바꿀 수 있다.

불안과 공포에 물든 과거를 어른의 시선에서 다시 이해하고, 현실을 있는 그대로 인식하면 새로운 해석이 가능해진다. 그 순간이 오면 그때 느낀 불안과 공포를 더 이상 느끼지 않는다는 것을 발견하게 될 수도 있다.

이런 정리도 튜닝과 프루닝을 촉진시킨다.

가정교육과 지역 문화의 영향

과잉보호도 대물림되기 쉽다.

가정교육의 영향력이 크다. '여자는 결혼을 잘하는 것이 가장 중요하다'는 가치관이 있는 집안에서는 딸의 성적뿐만 아니라 외모에도 신경을 많이 써서 다이어트를 강요하기도 한다. 자유롭게 이성을 사귀지 못하게 생활 전반을 제약하기도 한다.

이 딸이 자라 어머니가 되면 또 그 방식대로 딸을 키운다. 지나치게 '애지중지' 자란 딸이 사회성을 키우지 못하고 결혼도 하지 않고 집에서만 생활하기도 한다. 보수적인 자산가 집안에서 이따금 관찰되는 경우다.

보수적인 지역 문화와 부모의 가치관 때문에 부모와 자

녀 관계가 나빠지기도 한다. 도시에서 취직해 열심히 일하는 중년 여성 중에는 '부모님의 차가운 시선 때문에 집에 가고 싶지 않다'는 사람도 있다. '그 나이가 되도록 여태 결혼을 안 하다니……'라는 동네 사람들의 시선도 시선이지만 부모가 한술 더 떠 '동네 창피하니까 오지 말라'고 하기도 한다.

별로 기뻐할 상황은 아니지만, 넓은 의미에서는 부모와 자녀 중 어느 한쪽은 사회에 적응하고 있음이 분명하다. 물론 자녀 쪽이 현대 사회에 훨씬 잘 적응하고 있다.

부모를 원망하거나 '세상 물정 모른다'고 핀잔하기보다는 '문화가 다르다'라고 객관적으로 바라보되, 용납할 수 없는 부분은 '어쩔 수 없다'는 마음으로 접어야 한다.

부부 문제와 카산드라 증후군

부부간 불화는 부모와 자녀 관계에도 큰 악영향을 준다. 아이는 사정을 잘 몰라도 막연한 불안감을 느낀다.

부모는 보통 불화를 감추려고 한다. 아이에게 걱정을 끼치고 싶지 않다는 배려, 우스운 꼴을 보이고 싶지 않다는 체면을 앞세우는 마음 등 이유는 다양하다. 하지만 아무리 감춰도 냉랭한 분위기는 감지된다.

기분이 몹시 언짢아 보이거나, 부모가 서로를 외면한 채 둘 다 아이한테만 말을 건다. 분명히 무슨 일이 있었는데 경직된 분위기에서 아이는 차마 물어볼 수가 없다.

결국 아이는 정체 모를 불안을 감지해 위축되고, 어른이 돼서도 불안을 잘 느끼는 후유증이 생긴다. 어린 시절의 기억이 인격을 형성하기 때문이다.

하루가 멀게 심각한 부부 싸움을 보는 아이도 있다. 고래고래 소리를 지르고, 몸싸움이 오가고, 물건이 날아다니고, 칼을 꺼내는 등 거친 싸움이 시작되면 아이는 밤마다 끔찍한 소리를 피해 이불을 뒤집어쓰고 귀를 막는다. 10년, 20년이 흘러 평온하게 지내다가도 드라마에서 언성이 높아지는 장면을 보면 플래시백이 일어나는 등의 상처가 남는다.

2장에서 살펴본 부모와 자녀 밀착 케이스도 부부의 오래된 불화가 원인일 수 있다. 카산드라 증후군 어머니는 딸한테 의존하며 남편 험담을 늘어놓고, 아들한테 연인 역할을 부여한다. 자녀는 어머니가 의존하면 '이것이 나의 존재가치'라고 생각한다.

'엄마는 내가 없으면 큰일 난다'는 공동의존(codependency) 상태다. 친구와 놀기보다 어머니를 돌보기로 선택하면서 밀착이 더욱 강해진다. 이로 인해 아버지는 소외당하고 부부 사이도 점점 더 나빠지는 악순환의 고리에 빠진다.

더 심각한 사례도 있다. 아내와 사이가 멀어진 아버지가 아내 대신 딸을 성적으로 학대하는 경우다. 성적 학대는 상습적이라는 이미지가 있는데, 미수에 그치거나 1회로 끝나기도 한다. 어느 쪽이든 딸이 끔찍한 상처를 입고 고통에 빠진다는 사실은 변하지 않는다.

이처럼 부모가 겪고 있는 다양한 문제가 아이에게 고통을 준다. 그 경험을 가진 '과거의 아이'는 자신한테 일어난 일을 '자신의 잘못'으로 생각해서는 안 된다. 실제로도 자신의 잘못이 아니기 때문이다.

어른이 된 지금, 용서할 수 있는 일도 있고 그렇지 않은 일도 있겠지만 어느 쪽이든 발단은 '부모의 사정'이다. '아이한테는 그 어떤 책임도 없다'는 것을 반드시 인식해야 한다.

생활고에 시달리는 부모

빈곤도 부모와 자녀 사이 문제의 온상이 된다.

빈곤과 한부모가족의 연관성은 높다. 여성의 경제력이 취약하다 보니 싱글맘 가정의 빈곤율이 더 높다. 물론 풍족한 싱글맘이나 한부모가족도 드물지 않다.

한부모가족이든, 질병이나 부채 때문이든, 빈곤가정의 부모는 종일 일해도 살림살이가 나아지지 않고 피로가 누적돼 불안이 가시지 않는 삶을 산다.

몸과 마음이 벼랑 끝으로 내몰리면 불화가 일어나기 쉽다. 학대나 방임까지는 아니어도, 부모가 늘 일하느라 집에 없어 자녀를 제대로 보살피고 소통하기 어려운 경우가 많다.

영케어러도 수많은 빈곤가정에서 일어나는 문제다. 밖에서 일하는 부모를 대신해 자녀가 집안일을 하고 어린 동생이나 아픈 부모를 돌보는 경우다.

청소년기는 미래를 준비해야 하는 시기다. 그런데 영케어러는 자신을 위한 시간을 내기 어렵다. 공부할 시간도 없고 때로는 학교 다닐 시간마저 확보할 수 없는 아이도 있다.

착실히 교육받지 못하면 같은 세대 간의 경쟁에서 불리해진다. 시험 성적처럼 눈에 보이는 결과뿐 아니라 지식, 정보량, 판단력, 대인 관계 능력도 습득할 수 없어 장래의 길이 점점 좁아진다. 친구들과 축구를 하거나 놀 시간도 없어 뭔가를 잘 해내어 성취감을 느낄 기회가 적어진다. 그러면 성공 경험을 축적하지 못해 자신감을 잃고 정신이 병드는 길로 들어설 확률도 커진다.

경제적으로 어려운 집은 빈곤의 악순환에 빠질 위험이 있다. 경제력에 비해 자녀가 너무 많은 경우도 위험할 수 있다.

요즘에는 다자녀 가족이 방송이나 인터넷에서 화제가

된다. '가난해도 유대감이 끈끈하면 행복하다' '형제자매
가 많으면 불편한 점도 있지만, 재미있고 화기애애하다'
라는 가족 판타지를 가질 수도 있다. 이런 가족도 당연히
있겠지만, 형제자매가 너무 많으면 한 명에게 분배되는
자원이 줄어든다. 다른 가정에서는 한두 명의 자녀에게
모든 자원, 무엇보다도 부모의 관심을 가득 쏟는데, 형제
자매가 많으면 물질적인 자원은 물론, 부모의 관심, 대화
시간도 제한된다. 자녀 수의 적고 많음보다는 한 명 한 명
에게 충분한 자원을 쏟을 수 있는가가 관건이다.

개천용의 상처

오늘날에는 해마다 계층 격차가 벌어지며 상대적 빈곤 문제가 심각해지고 있다.

요즘은 맞벌이가 아니면 먹고살기 힘든 가정이 다수가 되었다. 경제가 고속 성장하던 시절에는 아버지가 외벌이로 두세 명의 자녀를 부양하는 가정이 더 일반적이었다. 여성이 각계에서 활약하는 것은 긍정적이지만, 그 이면에는 외벌이로 가정 경제를 꾸리기 어려워졌다는 현실이 있다. 맞벌이로 생계를 유지하고 아이도 잘 돌보면 좋겠지만, 많은 가정은 생계를 꾸리기도 힘겨워하고, 아이를 돌볼 시간도 부족하다.

이런 관점에서 부모의 빈곤이 아이의 발목을 잡는 사례

도 늘어날 것으로 보인다.

물론 빈곤하게 자라도 성공하는 아이도 있다. 가난하기에 오히려 '헝그리 정신'으로 불굴의 의지력을 발휘해 정상에 오른다. 이른바 '빈민층에서 탄생한 스타 축구 선수' 같은 사람들이다. 하지만 이런 유형은 극소수다. 성공을 이루려면 자산이 될 만한 능력이 있어야 한다. 가난해도 우수한 신체 능력과 지능, 끈기와 도전정신 등 긍정적 자산을 두루 갖췄다면 부유한 부모가 지원하는 경우보다 더 성공할 확률이 높을 것이다.

성공해도 정신적으로 건강하지 않은 사람도 있다. 아무리 성공해도 마음이 채워지지 않아 돈이나 권력을 마구 휘두르거나, 인간관계에서 끊임없이 말썽을 일으킨다. 부모나 자녀 관계에 문제가 있는 사람도 있다.

남들 눈에는 마냥 행복해 보이지만 마음은 상처투성이에 불만 가득한 사람도 있다. 말년에 우울증에 걸리거나 성범죄, 폭력 등을 저지른 스타를 본 적 없는가?

해소되지 않고 마음에 쌓인 갈등은 성공한 후에도 후유증을 남길 수 있다. 어린 시절, 생활고에 찌든 부모로부터

보살핌을 제대로 받지 못한 경험은 나이가 많이 든 후에
도 큰 영향을 끼칠 수 있다.

나는 '키우기 힘든 아이'였을까?

부모가 나빴다고 생각하는 것이 마음이 편하지만, 다른 가능성도 있다.

바로 부모 관점에서 내가 '키우기 힘든 아이'였을 가능성이다. 발달장애나 경계성 지능 자녀를 키우는 부모의 고생은 일반적인 양육의 어려움과는 차원이 다르다.

말을 듣지 않는다, 감정 조절이 안 된다, (정형 부모 입장에서) 이해할 수 없는 집착을 보인다, 자주 공황 상태가 된다, 물건을 잘 잃어버린다, 친구와 다툼이 잦다……. 이런 경우 특히 어머니가 주변의 따가운 눈초리를 받는다.

과거에는 아이가 조금 특이한 행동을 하거나, 규칙을 어겨도 너그럽게 받아주는 관용이 존재했다. 하지만 앞서 언급했듯, 시대가 바뀌면서 양육의 기대치와 '평균'이 높아져 아이의 부적절한 말과 행동은 곧바로 부모의 양육 방식의 문제로 비난받게 되었다.

학교 담임선생님, 아이의 친구 엄마, 지하철에 같이 탄 승객들, 음식점의 다른 손님들의 '도대체 가정교육을 어떻게 시키는 거야?'라는 비난 섞인 시선은 상당히 압박이 크다. 남편마저 '애 교육을 제대로 하는 거야?'라고 힐난하면 그야말로 고립무원이다.

이런 환경에서 주로 나타나는 반응은 '자책'이다. '양육에 실패했다'라며 자책하다 우울증이나 불안장애가 생기거나 지칠 대로 지쳐 집을 나가는 사례도 있다. 스트레스의 원인인 아이를 때리거나 폭언을 퍼붓기도 한다. 만성적인 우울 상태가 되거나 공황이 오면 고함치기도 한다.

아침부터 밤까지 아이의 모든 행동에 잔소리하는 사례도 있다. 아이가 밖에 나가서 더는 실패하지 않길 바라는 부모의 마음과 자신에게 쏟아지는 비난을 피하려는 방어 심리가 뒤섞여 '도대체 왜 이런 행동을 하니?' '왜 못 하는 거야?' '맨날 그런 식이라니까'라고 반복하다 끝내 '전면 부정'에 가까운 공격을 한다. 아이는 자존심이 다치고 부모는 부모대로 절박하다.

부디 오해하지 말기 바란다. 어떤 아이가 키우기 힘들다는 것은 그 아이가 나쁘다고 말하는 게 아니다. 그것은 그냥 '내가 키우기 힘든 성향의 아이'였다는 하나의 가능성일 뿐이다.

그러니 '나 때문이었다고?'라는 의미 부여는 하지 말자. '누가 잘못했는지'도 따지지 말자. '부모가 나를 키우기 힘들어했을 수도 있다'는 아주 단순한 이야기다.

앞서 물리적 현실을 설명했다. 초밥을 '맛있겠다'가 아닌 '생선과 쌀'로 본 것처럼 부모에 대해서도 '나쁜 사람'이 아닌 '이런 상황에 있던 사람'으로 보자는 말이다.

그다음 관점을 '과거의 나'에게로 돌려보자. 아주 단순하게 '나는 언제 어디서든 가만히 있지 못했다' '주변 사람들과 항상 갈등이 있어 싸움이 끊이질 않았다' 등 가치관이나 좋고 나쁨을 떠나, 있는 그대로의 객관적 사실만을 떠올린다. 어렵겠지만, 이 또한 인식의 편향을 재설정하는 중요한 과정이다.

부모가 자란 시대

세대가 바뀌면서 가치관이 바뀐다는 이야기를 여러 번 했다. 과거에는 '당연'했던 체벌이 지금은 줄어들었다. 아동학대 보도가 많이 늘어났지만, 그것은 오히려 '학대는 용서받을 수 없는 악행'이라는 가치관이 사회에 뿌리내렸다는 방증이다.

가부장제 사회에서 상식으로 여겨지던 가치관도 점점 희미해지고 있다. 과거에는 장남이 특별대우를 받고 전재산을 물려받았다. 딸은 어차피 남의 집안사람이 될 것이니 돈 들여 공부를 많이 시키기보다 집안일만 잔뜩 시키기도 했다. 오늘날에는 그런 가정을 찾기 어렵다.

무엇보다도 가정 내 여성의 위상이 크게 달라졌다. 여

성은 집에서 살림만 해야 한다는 사고방식은 이제 거의 남아 있지 않다.

성적 학대를 받았을 때 여성이 목소리를 내어 주위에 알리거나 신고하게 되었다. 한 세대 이전, 50대 정도의 여성이 젊었을 시절에는 성적 피해를 당하면 부모가 알게 되더라도 쉬쉬했다. '아무한테도 말하지 마' '조용히 지내'라는 말을 들었다. 부모는 세상의 이목에서 딸을 보호하려는 의도였지만 현재의 가치관에서는 부조리한 말이다.

사회에는 철저한 상하관계가 존재했다. 학교에서나 회사에서 '설령 내가 옳고 상대가 틀렸다 해도 윗사람에게는 무조건 복종해야 한다'는 사고방식이다. 지금은 이런 방식은 비합리적이라는 분위기가 우세하다.

요컨대 세상은 점점 공평해지고 좋은 방향으로 나아가고 있다고 말할 수 있다.

하지만 부모와 자녀 사이 문제의 측면에서는 예기치 못한 함정이 생긴다. 과거의 가치관으로는 아동학대가 아니었던 일이 지금은 아동학대가 된다. 과거에는 흔한 차별이 지금은 용서할 수 없는 일이 된다. '아빠는 툭하면 때

렸어. 용서할 수 없어' '엄마는 형만 좋아했어. 너무했어' 라는 원망이 생긴다.

내원자와 대화하다 보면 세대 차를 고려하지 않은 편향된 판단이 자주 보이고, 그때마다 치료가 정체된다. 이 난관을 넘어서려면 '지금이라면 용서받을 수 없지만, 그때는 그런 시대였어'라는 관점이 필요하다.

50, 60년 전의 시대를 다룬 역사책이나 소설을 읽으면 큰 도움이 된다. 부모나 조부모의 시대상이 그려진 책을 읽다 보면, 자신이 그 시대에 살았더라면 어땠을지 자연스럽게 상상하게 된다. 전쟁 중과 전쟁 후의 생활, 경제가 급속히 발전하던 시대, 민주화 투쟁 시대 등 각 시대를 기록한 책이나 소설이 많다. 그중에서도 수십 년에 걸쳐 조부모, 부모, 자녀 세대의 삶을 다루는 대하소설이 유용하다. 영화도 좋은 참고자료다.

'그때는 그런 시대였다'는 인식은 '결단'인 동시에 일종의 구원이다. 부모가 나를 사랑하지 않은 것도, 업신여긴 것도 아니며 그저 시대의 한계에 갇혀 있던 사람임을 깨닫게 되기 때문이다.

아이에게 종교를 강요하는 부모

자녀의 사회적 자립을 막다

부모와 자녀 사이 문제에서 종교 2세는 빠질 수 없는 주제다.

특정 종교를 광적으로 믿는 가정에서 아이가 받는 악영향은 약간의 억압부터 정신건강 문제에 이르기까지 다양하다.

종교 활동 행사에 빠질 수 없어 많은 시간을 빼앗긴다. 친구와 놀지도 못하고 공부할 시간도 없다. 이런 문제는 영케어러 문제와 유사하며 자신만의 시간이 없는 아이의 인격 형성에 악영향을 끼친다. 축구나 야구 연습을 하지 못해 다른 아이들한테 자꾸 진다. 공부할 시간이 없어 성적이 오르지 않는다. 애니메이션, 게임 등 공통의 관심사를 형성할 기회가 없어 친구 사귈 기회를 잃는다.

어른의 눈에 무용해 보이는 시간과 활동은 아이들 세계에서 무척 소중하다. 자신의 의지가 계속 꺾이는 경험을 하면 자존감이 자라나기 어렵다.

자녀의 자립을 방해하는 위험도 있다.

아이가 반항기인 경우, 보통의 가정에서는 부모와 아이 둘만 대립하다 마침내 타협점을 발견한다. 그런데 종교라는 거대한 가치 기준이 끼어들면 둘이 타협하기 어려워진다. 정해진 정답이 있으면 타협점을 발견해가는 작업 없이 어느 한쪽이 꺾여야만 끝난다.

거대한 기준이나 규범은 '여기를 따라가면 된다'는 열차 선로와도 같다. 부모는 자신의 의지로 올라탄 선로지만 부모에 이끌려 올라탄 자녀들은 스스로 사고하기 어려워진다. 스스로 궁리하며 사고력과 창의성을 키울 기회가 적어 성공 경험도 자존감도 키우기 힘들다.

신앙심이 강한 가정에서 학대가 일어나기 쉬운 경향도 있다.

아이한테 써야 할 돈을 교단에 헌납하거나 종교 때문에 아이가 싫어하는 습관을 강요하는 것이다. 교육 학대가 가장 흔하게 관찰된다. 평범한 가정보다 규칙이 엄격해 예의범절 교육도 철저하다.

본래 자녀교육이나 예의범절에 관해서는 부모도 헤매는 법이다. 실패도 겪고 아이한테 했던 말을 번복하기도 한다. 헤매면서 양육하기에 부모와 자녀의 힘이 균형을 이룬다. 압도적인 힘과 지위를 가진 부모는 헤매면서 자신을 돌아보아야 아이의 입장을 헤아릴 수 있다.

그런데 만약 종교의 교리가 가정을 이끄는 근본이 되면 부모는 더는 헤매지 않는다. 일말의 망설임 없이 매섭게 혼내고 복종시킨다. 결국 도가 지나쳐 학대에 가까운 일이 일어나기도 한다.

종교가 달라 연인의 부모가 결혼을 반대하기도 한다. 간신히 결혼에 골인해도 연중행사나 관혼상제가 있을 때마다 두 집안이 '이 방식으로 해야 한다'고 대립하다 '집안 간 종교전쟁'으로 번질 수도 있다.

종교란 '믿음이 있는 우리'가 '믿음이 없는 저들'을 적으로 인식함으로써 결속력을 강화하는 부정적 측면이 있다. 종교 2세의 부모 즉, 종교 1세는 스스로 그 테두리 안으로 들어가서 외부 세계에 거부 반응을 드러내는 행위로 정체성을 지키는 걸 선택했을 수도 있다. 그런데 그 선택은 자기 자신에게만 영향을 끼치는 것이 아니다. 종교가 부부관계와 자녀의 인간관계에 영향을 끼친다는 사실은 자명하다.

전통적인 종교에서 부정적으로 보는 LGBTQI 등의 성소수자, 혼외출생자는 서구 사회에서 보편적으로 받아들여지는 추세다. 점점 서구화되는 추세 속에 이런 부분에 대한 가치관에서도 부모와 자녀가 크게 대립할 수 있다.

세대론으로 본 종교 1세

종교에 지나치게 매달리는 부모는 어떤 배경을 가지고 있을까?

어딘가에 마음을 기대지 않고는 견딜 수 없는 '일'이 있었음이 분명하다. 그런 '일'은 이번 장에서 쭉 훑어보았다. 정신 질환, 과거의 트라우마, 배우자나 자녀와의 문제 등 부모에게는 감내하기 어려운 고통이 있었다.

종교 1세가 사회에 진출하던 무렵, 신흥 종교의 주요 타겟은 고독한 청년들이었다. 고도성장 시대, 엄청난 인구가 중학교나 고등학교를 졸업하는 동시에 가족과 고향을 떠나 도시로 가서 바로 일을 시작하거나 상급학교에 진학했다. 그들은 채 성인이 되기도 전에 주변에 아는 사람 하나 없이 허전하고 외로운 마음으로 지냈다.

종교는 이런 젊은이들을 노렸다. 그 젊은이들은 신앙보다는 소통이 더 절실했을 것이다.

지금도 신앙보다는 의식적이든 무의식적이든 친목 교류가 우선인 사람도 많을 것이다. 친목 중심의 종교 생활이라면 억압하고는 거리가 멀지 않을까? 그렇지 않다. 종교 2세로 태어난 내원자들과 대화해 보면, 종교에서 탈출하고 싶은데 탈출하지 못하는 번민과 탈출한 후에도 계속되는 고통을 발견하게 된다.

부모에 대한 죄책감, 공동체에서 함께 자란 친구와의 이별 등 종교에서 탈출해도 또 다른 고통이 기다리고 있다. 종교 공동체 내에서 너무 오래 생활하는 바람에 외부 세계와 괴리감을 느끼고 불안해져 탈출하지 못하는 사람도 있다.

당장 해결하기 어려운 문제지만, 최대한 객관적으로 부모와 자신을 꾸준히 알아나가며 조금씩 조금씩 바깥으로 발걸음을 내딛는 수밖에 없다.

부모의 직업과
업계 분위기의 영향

부모를 이해할 때 부모가 어떤 일을 하는지는 눈여겨봐야 할 부분이다. 지금은 그 일을 하지 않더라도 과거에 어떤 일을 오래 했다면 지금까지 영향을 끼친다. 특히 직업이나 업계의 문화가 중요하다. 청년에서 중년이 되기까지 가치관이 완전히 형성되는 시기에 어떤 업계에 몸담고 있었는지가 인격 형성에 큰 영향을 주기 때문이다. 물론 이것은 '이 업계에 몸담고 있었다면 이런 사람이 될 가능성이 있다'라고 구체적이고 개별적으로 단정할 수 있는 문제는 아니다.

해당 업계를 다룬 다큐멘터리나 인터넷의 업계 커뮤니티 등을 통해 해당 업계 분위기, 이미지, 그 업계에서 자주 일어나는 일 등을 알아보면 부모를 이해하는 데 도움이 된다.

보수적인지 자유로운지, 수직적 문화인지 수평적 문화인지, 활동적인지 단조로운지 등등 직업과 업계에 따라 분위기는 천차만별이다. 말하자면 학교 동아리와 비슷하다. 야구부와 미술부의 분위기와 가치관은 상당히 다르다. 야구부와 축구부는 같은 운동부라 비슷한 점도 있지만 그래도 분위기는 역시 다르다.

같은 야구부여도 학교마다 다르겠지만 그래도 역시 공통된 분위기가 흐른다. 마찬가지로 동종업계면 회사가 달라도 어딘가 분위기가 닮아있다.

부모의 직장과 동종업계 회사들을 몇 군데 비교해 보는 방법도 좋다. 같은 업계여도 사내 문화는 조금씩 다르기 마련이다.

여기에 세대까지 고려하면 더 자세하게 알 수 있다. 어떤 업계든 시대마다 굴곡이 있다. 어떤 유형의 인재가 지원했는지도 세월에 따라 달라진다. 종사자가 '최고의 신랑감'이었던 업계가 지금은 사양 산업이 되었을 수도 있다. '이거라도 해야지'라는 의욕 없는 사람이 몰렸던 직업이 지금은 꽤 괜찮은 직업이 되었을 수도 있다. 그러므로 현재의 업계 분위기뿐 아니라 부모가 그 업계에 진입했던 과거의 분위기도 함께 알아보면 좋다.

부모는 어떤 시대에 어떤 마음으로 그 직업을 선택했을까? 당시 그 업계 분위기에서 하루를 어떻게 보냈을까? 그건 부모의 가치관에 어떤 영향을 주었을까? 분명 많은 걸 발견하게 될 것이다.

직종이나 회사 내 직위로 알게 되는 것도 있다.

엔지니어, 경리회계, 영업 등 어떤 직종에 종사했는지 알아보자. 부모는 사원으로만 일했는가, 아니면 중간관리자나 임원, 경영자였나? 만약 경영자라면 창업자인지, 2세 경영자인지에 따라서도 큰 차이가 있다. 이 정도까지는 아니더라도, '언제 이직했는지' '본사에서 근무했는지, 지사에서 근무했는지' 등도 단서가 된다.

어떤 일상을 보냈는지도 더 구체적으로 떠올려보자. 눈코 뜰 새 없이 바쁜 업계에서 속도전을 벌이며 쌓인 스트레스를 풀 데가 없어, 집에서는 부부 싸움이 끊이질 않고 사소한 일로 아이를 때렸는가? 경쟁이 극심한 업계에서 생존하는 데 급급해서 가족에게 무관심했는가? 부모 관점에서 생각해보면, 결코 용서할 수는 없더라도 한 인간으로서 부모를 볼 수 있을지도 모른다. 집에서는 늘 강압적이었던 아버지는 군대 같은 회사 문화가 몸에 배어 그렇게 행동했던 걸까? 늘 무표정하고 말이 없던 어머니는 저임금 장시간 노동에 지쳐 집안일에 그렇게 소홀했던 걸까?

연로한 부모가 겪기 쉬운 문제

디지털 격차

지금까지 부모의 '과거'를 이해하는 방법을 살펴보았다.

한편, 노년기에 접어든 부모의 갑작스러운 변화로 당황하는 사람이 많다. 까칠한 부모였는데 요새 둥글둥글해졌다. 예전에는 단정했는데 갑자기 말과 행동이 흐트러진다. 이런 변화를 어떻게 해석하고 이해할지도 살펴보자.

부모의 변화에 대한 고민을 상담할 때 종종 인터넷 얘기가 나온다.

예컨대 노부모가 가짜 뉴스, 수상한 음모론을 곧이곧대로 믿는 경우를 최근 자주 접한다. 신빙성 없는 정보에 휩쓸리는 이유로는 지적인 문제를 의심해 볼 수 있다. 복잡한 정보를 처리하지 못해 알기 쉽고 뇌리에 강하게 박히는 자극적인 정보에 혹하는 패턴이다.

인간 이해나 사회 이해가 예상보다 낮은 수준일 수도 있다. 또는, 타인과의 교류가 적어 세상에 대한 이해도가 얕다고도 볼 수 있다. 집에서 아이만 돌보는 부모, 좁은 업계에서 늘 똑같은 일만 묵묵히 해내는 부모는 예전에는 보통의 어른이었지만, 많은 정보를 접하는 젊은이나 사회생활을 활발하게 하는 중년층과 노년층에게는 놀라울 만큼 단순하고 편향되어 보인다.

아이는 나이가 들어도, 어린 시절 압도적으로 강한 존재였던 부모를 여전히 큰 존재로 인식한다. 그러나 아버지도 평범한 아저씨나 할아버지에 불과할 뿐 특별할 게 없다. 그래서 힘없는 노인이 된 아버지를 여전히 두려워하고 어려워하는 것을 임상에서 종종 보게 된다.

'튼튼한 청년이 여든이 넘은 할아버지를 왜 그렇게 무서워할까?' 제3자의 시선에서는 불가사의한 상황이지만 당사자는 진심으로 공포에 떨기도 한다.

음모론, 가짜 뉴스를 믿는 사람은 단지 고령이라서가 아니라 지적 문제, 사회적 고립 문제와도 관련돼 있다고 보인다. 만약 부모가 음모론에 빠져 의사의 말을 이해하지 못하고 처방에 따르지 않는다면, 어쩌면 당신이 어렸을 때 받은 학대의 원인도 부모의 지적 문제나 사회적 고립 문제와 연관돼 있을 수 있다.

어쩌면 지적으로 훈련되지 않은 부모 세대 상당수는 대량의 정보를 감당하기 힘들지도 모른다.

인터넷이 보급된 시기는 2000년도 무렵이다. 그때 부모가 학습을 멀리하는 생활을 하고 있었다면, 지금도 디지털 사회에 잘 적응하지 못했을 수도 있다. 무수히 혼재된 정보에서 유용한 정보만 걸러내는 현대인의 필수적인 기술을 갖추기 어려웠을 수 있다.

자잘한 정보까지 모조리 다 파악하지 않으면 판단할 수 없다고 느끼거나, 대기업이니까 또는 정부의 발표니까 하는 식으로 권위에 지나치게 의존해서 사실 여부를 제대로 따져보지 않는 것일지도 모른다.

부모가 인터넷에 악성 댓글을 달아 난처해하는 자녀도 있다. 한창 일할 때는 높은 사회적 지위를 누리며 원만하게 생활했던 사람도 이러한 행동을 보이는 경우가 많은 것 같다. 부모 세대의 인터넷 문해력은 평균적으로 자녀의 예상보다 낮다는 점을 알아두면 좋다. 모든 것은 시간의 흐름에 따라 변화한다. 그렇지만 전통적 가치관, 직업관, 가족관의 변화를 받아들이지 못하고 불평과 분노를 분출하는 것 또한 자연스러운 현상이다.

소위 '엄격하고 진지한 아버지'도 인터넷과 관련되면 태도가 돌변한다. 친하지 않은 사람에게 부담스러운 이모티콘을 남발하거나 지나치게 격의 없이 대하거나 악성 댓글을 다는 등 부적절한 행동을 하기도 한다. 이 유형은 과묵하고, 먼저 물어보는 일이 없으므로, 가족이 눈치껏 팁을 주면 좋다. 언뜻 근엄해 보이지만 실은 언어능력이 낮은 것일 수도 있다. 즉 사고를 언어로 제대로 정리하지 못한다. 이런 유형은 평소에는 절제하다가 익명성이 보장된 공간을 발견하면 부적절한 표현을 쓰거나 폭언을 쏟아내기도 한다.

악성 댓글에 대한 규제나 사회적 비난은 날로 강화되고 있다. 수사기관에서 IP 주소나 스마트폰을 추적하기도 쉽다. 부모가 인터넷 세상에서 부적절한 말과 행동을 한다면, 법적 리스크와 사회적 리스크를 쉽고 분명하게 알려주는 것이 좋다.

노인성 편집증

중년과 노년에 걸리는 정신 질환 중 '노인성 편집증(의사분열증)'을 살펴보자.

망상 증상이 갑자기 발현하며, 조작적 진단기준(원인불명으로 검사법이 없고 임상증상에 의존해 진단할 수밖에 없는 정신 질환에 대한 신뢰성 높은 진단기준 – 옮긴이)에 근거해 조현병으로 진단되지만, 10대나 20대에 발병하는 조현병의 망상과는 조금 다르다.

조현병은 황당무계한 망상이 많은 데 비해 노인성 편집증은 일상적인 망상이라 얼떨결에 믿게 된다. 예를 들면, '옆집 사람이 나를 욕했다' '같은 아파트에 사는 사람이 나를 질투해서 괴롭힌다' '동네 상점 주인은 사기꾼이다' '앱을 잘못 깔았다가 해킹당했다' 등이다.

망상이 묘하게 현실적이고 거짓말 같진 않지만, 왠지 모를 위화감은 든다. 망상을 말할 때 외에는 예전 그대로라서 진단을 내리기까지 시간이 오래 걸린다.

허무맹랑한 말임을 알게 된 가족들도 처음에는 별 조치를 하지 않다가 계속 문제가 일어나면 그제야 병원에 모셔 와 진단받는 경우가 전형적이다. 망상 외에는 지극히 정상이라 대수롭지 않게 넘어가다 일이 커질 때까지 방치하기 쉽다.

조현병처럼 항정신병 약물 중심으로 치료하지만, 젊었을 때 발병한 사람보다 그다지 호전되지 않는다고 알려져 있다.

시간이 흐른 뒤, '전두측두엽 치매(이마관자엽 변성)'나 '루이소체 치매'로 진단이 변경될 때가 있다. 이 경우는 조현병이 아닌 치매 전구 증상이었다고 판단한다.

전두측두엽 치매는 전두엽과 측두엽이 위축되는 치매의 일종으로, 화를 잘 내거나 매장에서 먹을 걸 훔쳐 그 자리에서 먹는 등의 문제행동이 특징이다. 국가 지정 난치병이라 치료 보조금이 나온다.

루이소체 치매는 '정원에서 아이들이 놀고 있다' 등의 환시 증상이 있다. 이 밖에도 경미한 파킨슨병 증상이 나타난다. 치매의 일종이며 약물 과민성이 있다는 특징이 있다.

부모가 오래 살면 자녀는 언젠간 '부모가 치매에 걸리는' 순간과 직면하게 되기 쉽다. 치매는 우울증, 조현병, 불안장애 등 다른 정신 질환과 함께 발병하기도 한다.

치매가 오면 발달장애 특성이 심해지기도 한다. 원래 발달장애 경향이 있었는데 나이가 들면서 전두엽 기능이 저하돼 발달장애 특성이 더 강하게 드러나기 때문이다. 인지능력 저하와 함께 억제돼 있던 특성이 다시 강해진다. 집착을 보이거나, ADHD 같은 행동이 나타나므로 이전보다 더 세심한 돌봄이 필요하다.

제4장

어떤 미래를
선택할 것인가

'부모 이해' 그 이후

'우리 부모님은 나한테 모진 사람이었다'는 단편적인 인식에서 벗어나 '우리 부모님은 이런 사람이었다'는 형태의 객관성을 확보해 다시 파악하는 과정을 3장까지 간략하게 체험해 보았다.

왜 이런 과정을 거쳤을까? 그건 바로, 정신과 임상에서 실제 치료 과정이 정말로 이런 방식으로 진행되기 때문이다. 물론 실제 치료에서는 더 세심하게 그 사람한테 맞는 질문을 하며 시간을 들여 깊이 이해해간다. 마침내 올바른 인식에 다다르게 되면 치료에 진전이 있다.

그런데 안다는 것이 어떻게 곧 치료가 될까? 뇌 과학적으로 밝혀진 바는 없다. 다만, 임상경험을 통해 그렇다고 알려져 있다.

'예측하는 뇌' 가설을 함께 살펴보자.

인류는 현실을 있는 그대로 인식해서 보지 않는다. 눈으로 들어오는 정보, 귀로 들어오는 정보, 과거의 기억이나 지식 등을 합쳐 뇌 안에서 다시 가공한다.

잠수함, 우주선에 탄 승무원을 떠올려보자. 그들은 바깥을 관찰해서 무슨 일이 일어나고 있는지 파악할 수 없다. 여러 복잡한 기계에서 얻은 정보를 종합해 현재 상황을 파악한다. 마찬가지로 인간의 몸도 개별 정보를 수집한 다음, 뇌 안에서 인간의 의식이 이해하기 쉽도록 공간세계를 재구축한다. 우리가 실제로 보고 있는 세계는 진짜 현실이 아니라 뇌가 가공한 현실이다.

지식의 유무에 따라 관점이 바뀐다는 것이 그 증거다. 착시 현상이 유명한 예다. 사전지식 유무에 따라 그림이 전혀 다르게 보인다. 인터넷에 검색하면 착시 이미지가 넘친다. 당시의 몸 상태나 기분에 따라서도 풍경이 달리보이고, 나고 자란 문화권에 따라서도 풍경과 감각이, 특히 미각이! 달라진다.

뇌는 무슨 일을 할까? 뇌는 항상 무슨 일이 일어날지 예측해서 뇌 안의 가상 현실 공간에 반영한다. 만약 현실과 불일치하게 인식하면 우리의 의식은 스트레스를 느끼고 불안과 분노 등의 감정이 일어나 '문제를 해결하자' '인지를 수정하자' '회피하자' 등의 선택지를 고른다.

따라서 우리가 불안이나 스트레스를 느낀다면 정확한 예측을 위해 올바른 지식이 필요하다. 부모와 자녀 사이 문제에 관해서도 올바른 지식을 파악하고 있으면 부모와 관련된 스트레스와 괴로움이 줄어든다는 이론이다. 이 책은 바로 이러한 '예측하는 뇌' 가설을 따른다.

자, 그럼 인식이 업데이트돼 변경된 다음에는 뭘 해야 할까?

여러 선택지가 놓여 있다.

'부모님께도 어쩔 수 없는 사정이 있었어'라고 화해로 가는 길.

'사정은 이제 알겠는데 그래도 용서할 수 없어'라며 절연을 선택하는 길.

또는, '적당한 거리를 둔다'는 중간 선택지도 있다. '적당한 거리'는 사람마다 다르다.

올바른 지식에 기반한 선택은 부모와의 관계뿐 아니라 자신의 삶에 대한 태도로도 이어진다. 어떤 가정을 이룰지 또는 비혼으로 살지, 아이는 어떻게 키울지 또는 아이를 낳지 않을지 결정한다. 수많은 갈림길 속에서 선택은 내원자의 자유다. 이것은 제3자인 정신과 의사가 참견할 영역이 아니다.

그러나 '부모 이해'에 많은 시간을 들였어도, 내원자가 여전히 현실을 객관적으로 파악하지 못하거나 인지 왜곡이 있다고 보이는 행동을 하면, 의사는 치료를 종결하지 않는다. 객관성을 더 확보해 부모를 다시 볼 수 있도록 거듭 대화한다.

'인지 왜곡이 보이는 행동'은 어떤 행동일까?

예를 들면, 학대를 받았던 사람이 자신도 모르게 자녀를 학대하는 경우가 있다. 이는 명백하게 치료가 종결되지 않은 상태다.

부모와의 관계에서 고통을 느끼면서도 계속 '밀착'하는 사람도 문제가 있다고 간주한다. 주체적 인생을 살지 못하고 매일 불안하고 억울하다면 역시 문제가 있다고 볼 수 있다. 물론 경제적 이유 등 어쩔 수 없는 외부 사정이 있을 수도 있다. 이런 부분은 정신과 상담 외의 다른 방식의 해결책도 모색해야 한다. 상황에 따라서는 복지제도를 활용해 경제적 문제도 해결하고 치료를 계속 받을 수도 있다.

마지막으로, 부모에 대한 깊은 원망이 처음과 변함없이 그대로여도 치료되지 않았다고 판단한다.

'치료되지 않았다'는 것은 어떤 상태일까? 설명하기 참 난해하다. 하지만 모두에게 통용되는 '그만두는 편이 명백하게 좋은 상태'가 있다.

아이를 때리는 행동은 반드시 그만두어야 한다. 부모와의 관계가 괴로우면 딱 달라붙어 있기보다 거리를 두는 편이 낫다.

오랫동안 부모를 깊이 원망해왔다면, 그 에너지와 시간을 자신을 위해 쓰는 편이 낫다는 데 누구나 동의할 것이다.

만약 그럴 수 없다면, 그건 변화를 거부하는 '걸림돌'이 마음속에 있기 때문이다. 이것이 '치료되지 않은' 상태다.

바꿔 말하면 이러한 답보 상태는 자신의 행동을 '스스로 결정'하지 못하는 상태다. 과거 경험과 이로 인한 편향된 관점과 인식 왜곡 때문에 결국 스스로한테 바람직하지 않은 길을 '선택한' 상태다. 문제 해결을 미루고 오로지 '회피'만을 선택한 상태이기도 하다.

이 속박을 넘어 스스로 길을 선택할 수 있게 되는 것. 이 때문에 비록 실수하더라도 스스로 다시 생각하고 조절하는 힘을 기르는 것. 이것이 곧 치료의 의미이며, 부모 관계로 괴로워하는 사람들이 지향해야 할 미래다.

부모와 절연할 수 있을까?

학대를 용서할 수 없다, 지나친 간섭과 속박에서 도망치고 싶다, 자꾸 돈을 요구해서 내 생활이 위협받고 있다 등 다양한 이유로 사실상 절연을 선택한 사람도 적지 않다.

'사실상'이라고 표현한 이유는 법적 구속력이 없기 때문이다. 가정폭력 등의 이유로 접근금지를 신청하기도 하지만, 현재로서는 부모와 자녀 사이 관계를 법적으로 완전히 관계를 끊는 방법은 없다고 한다. 입양된 경우에만 그럴 만한 사유가 있을 때 법원에 파양을 신청할 수 있다.

그러므로 절연이란 완전히 인연을 끊는다기보다는 '연락을 하지 않고 사는 것'을 의미한다. 연락하지 않는다, 연락처를 알려주지 않는다, 부모가 알 수 없는 데로 이사

간다 등이 보통 '맨 처음에 하는 절연 행동'이다. 이후로도 친인척 결혼식이나 장례식에 불참하고 그 친인척과는 인연을 이어간다면 그들만 따로 만나러 가는 식으로 부모와의 대면을 피한다. 가정폭력 피해자라면 부모가 자신의 주소를 알 수 없도록 주민등록등본 열람 제한 신청을 할 수도 있다.

거리를 둔다 해도 부모의 근황을 우연히 알게 되는 일이 생긴다. 부모가 직접 부양료 청구 소송을 하기도 하고, 친척이 부모의 병원비 대납에 대한 청구 소송을 하기도 한다. 혼외관계에서 출생한 경우, 아버지의 법률상 아내의 자녀로 되어 있다가, 아버지 사망 후 법률상 어머니가 친생자 관계 부존재 확인 소송을 해서 아버지의 사망 사실을 알게 되기도 한다.

소식을 접하고 부모를 도울지 말지 그때그때 결정해야 한다. 부모가 사망하면 상속이 발생한다. 이때도 유산을 상속받을지 포기할지 결정하고 법적 절차를 밟아야 한다. 재산보다 빚이 더 많을 것으로 예상되면, 조속히 상속 포기나 한정승인 절차를 밟는다.

절연은 한 번의 선언으로 매듭지어지지 않으며, 이후의 인생에서도 종종 선택에 내몰리는 지속적인 행위다. 하지만 수년에 한 번꼴이라 '어깨의 짐을 내려놓았다'는 사람도 많다.

절연과 유사한 방법 중 부모를 고소해서 멀어지는 선택지가 있다. 가정폭력, 성폭행 등의 심각한 피해를 고소한 후 부모에게서 벗어나는 것이다. 배우자의 부모님에게, 또는 자신이나 배우자가 다니는 회사에 찾아오거나 연락해서 괴롭히는 스토커 같은 부모에 대해 접근금지 신청을 하기도 한다.

자녀에게 심하게 집착하는 부모는 어느 세대든 늘 존재한다. 수도 없이 연락하고 행여 자녀가 지쳐 연락을 무시하면 화내고 폭언을 쏟아낸다. 부모한테 집 주소를 알려주지 않으면 직장이나 친구한테 닥치는 대로 연락해 소란을 일으킨 사례도 있다.

소송을 통해 부모에게 접근금지 명령이 떨어지기도 하지만, 그 과정이 쉽지 않고 유리한 판결이 나온다는 보장은 없다.

화해는 사실 가장 마음 편한 길

화해는 곧 부모를 수용한다는 의미다.

부모의 특성, 나약함, 폭력성이나 공격성을 이해하되, 거리는 두면서 스트레스 없이, 아니 약간의 스트레스가 있더라도 생활에 지장을 주지 않는 수준이면 계속 교류할 수 있다는 이야기다.

몇 년이나 진료받을 만큼 고통스러워하던 내원자 중에도 이 길을 선택하는 사람이 있었다. '부모는 발달장애였다'는 것을 알게 되면서 악의가 아닌 발달장애 특성이라서 마음이 놓인 것 같다. '도시락을 싸주지 않았던 이유는 단지 능력 문제였다. 우리 부모는 그냥 다른 부모처럼 할 수 없었을 뿐이다'라고 말이다.

부모가 자영업에 종사하던 내원자가 '부모님을 객관적으로 보고 이해하니까 가업을 이을 마음이 생겼다'고 밝힌 사례도 있었다. 꾸준한 치료로 지금까지 보지 못하던 부모의 고군분투와 사업에 대한 애정이 이해돼 자신도 뛰어들고 싶은 마음이 생겼다고 했다.

화해의 길은 언뜻 거북해 보이지만 많이들 '마음이 편해졌다'고 한다. 부모를 밀어내려고 계속 애쓰는 것보다 사이좋게 지내는 편이 정신적 부담이 훨씬 더 가벼워지는 측면이 있는 것 같다.

사실 세상 대부분의 부모와 자녀가 택하는 길이기도 하다. 사춘기 자녀의 반항 이후에 조금 거리감은 생기지만, 그보다 시간이 지나면 이제는 어른으로서 서로를 이해하고 받아들이는 자연스러운 과정이다.

'대부분'이라고 말했는데, 그 비율 자체가 늘었다는 느낌이 든다. 부모와 자녀 관계에서 예전만큼 '눈에 띄는 부조리'는 줄어들었기 때문이다.

전통 사회는 개인의 인권보다 가족을 우선시했다. 집안에서 부모는 자녀를 지배했고, 여성의 지위도 낮았다. 아버지가 아이를 때리는 일이 당연했고, 장남이나 아들이 우대받는 일이 흔했다.

자녀가 없는 친척한테 차남을 입양 보내거나, 집안을 위해 딸을 정략결혼 시켰다는 이야기도 놀라운 일이 아니었다. 지금은 그런 이야기는 접하기 힘들다.

개개인에 주목하면 화해가 어려운 사례도 많지만, 세상에는 화해하는 부모와 자녀가 늘고 있다는 전반적인 추세도 함께 알아두면 좋다.

'부모가 이해해주지 않는다'는 편향

심각한 불화나 원망이 없는 사람도 부모와의 소통에서 종종 스트레스를 받는다. 누구든 한 번쯤은 부모가 이해해주지 않는다는 불만을 느낀다.

"직장에 대해 푸념했다가 오히려 그 정도면 편한 줄 알라는 핀잔을 들었다."

"제대로 듣지도 않고 "네가 참아"라는 한 마디뿐이었다."

전형적인 예시다. 이런 이야기를 들을 때마다 부모와 잘 지내는 자녀한테도 '부모 환상' 편향이 있다는 게 느껴진다.

즉 '부모니까 당연히 이해해준다'는 환상이다. 부모는 자신보다 더 현명하고 경험이 풍부하다고 믿는 '부모 만능'이라는 무의식적인 환상이다.

자녀는 부모를 지나치게 이상화한다. 즉, 기대치가 지나치게 높다.

'나를 가장 잘 아는 부모가 날 이해해주지 않으면 이 세상에 누가 날 이해해주나?'라는 건 적절한 기대일 수도 있다. 결국 균형의 문제다. 부모에 대한 기대치가 높은 사람이라면 '부모도 자식을 이해하기란 어렵다. 부모가 자식을 이해하는 것은 당연히 기대할 수 있는 것은 아니다'라고 생각해보는 것이 도움이 될 것이다.

그렇게 어려운 일이 아니다. 지금 내가 하는 회사 일을 부모도 할 수 있을까? 상상력을 약간만 발휘해도 '못 한다'는 것을 알 것이다. 회사 생활에 대해 자세히 이야기해도 그 이야기를 잘 이해하기 어려워할 것이다. 회사의 구성원들이나 일하는 방식에 생소할 테니까.

특히 부업이나 아르바이트 경험만 있을 뿐, 주로 전업주부로만 살아온 어머니들이라면 직업 세계에 대해 이해하기 어렵다. '조언을 바라거나 도와달라는 건 아니야. 그냥 잘 들어주고 내 마음을 이해해주었으면 좋겠는데 그게 그렇게 어렵나?'라고 생각하는 사람도 있을 것이다. 하지만 어머니가 경험한 적 없는 세계에 대해 공감해줄 것을 바라는 것은 지나친 기대 아닐까?

인간은 나이 들수록 집중력이 떨어진다. 복잡한 이야기를 이해하기도 힘들고, 이야기가 자꾸 길어지면 지루해져 화제를 전환하려고 말을 끊고 싶어진다.

부모를 실제보다 더 대단하고 성숙한 인물로 믿는 편향을 없애자. 즉, 기대치를 낮추자. 이 하나만으로도 소통의 스트레스는 상당히 줄어든다.

더 젊은 세대를 대할 때도 이와 같은 '기대치를 낮추는' 접근 방식이 유용하다. 기성세대는 디지털 세대에 비교해볼 때 학교나 직장에서 알게 모르게 의사소통 훈련을 많이 받았다. 의사소통에 대한 근본적인 이해도, 기대하는 방식도 세대마다 다르다. 기성세대도 디지털 세대와의 의사소통에서 큰 기대를 하지 말고, 다소 불친절해 보여도 있는 그대로 받아들일 필요가 있다.

결혼하지 않는 선택

요즘은 결혼하지 않는 경향이 자주 화제에 오른다. 연간 혼인 건수는 해마다 감소해 일본에서는 남성 4명 중 1명, 여성 6명 중 1명이 생애 미혼(50세까지 한 번도 결혼하지 않은 사람 – 옮긴이)이다. 언론에서는 대개 빈곤 문제와 엮어 보도한다. 먹고사는 게 막막해 결혼하지 않는다는 해석이다.

나는 이를 단편적 관점이라고 본다. 경제적으로 좀 불안해도 크게 걱정하지 않고 결혼하는 커플도 많고, 둘이 같이 벌며 살림을 합치면 주거비와 생활비가 절감된다.

실제로는 결혼에 대한 긍정적인 이미지가 없어 결혼하지 않는 사람도 상당수 있다고 생각한다. 부모를 보고 결혼 생활에 환멸이 생겼다, 단란한 가정을 꾸리는 것이 상상이 안 된다는 목소리가 많이 들린다.

비혼을 관철하는 사람들은 주변에서 '세상의 흐름에 역행하는 삶은 좋지 않다'는 말을 듣거나 자신도 그렇게 생각할 때가 있다. 부정적인 결혼관을 가진 자신을 나무라기도 한다.

그러나 그 선택은 나쁜 선택이 아니다. 다른 선택지까지 따져보고 내린 객관적인 판단이라면 꺼릴 필요가 없다. 세상에 역행하는 삶이어도 상관없다. 트라우마가 있고 가족이라는 집단을 신뢰하지 못해 결혼하지 않겠다고 결정한 자신을 인정하고 사랑해주는 것이 중요하다.

한 마디 더 보태면, 스스로 정한 그 인생에서 일말의 외로움이 함께해도 괜찮다. 외로움에 사로잡혀 일상의 기쁨과 일의 보람마저 잃으면 문제지만, 가끔 외로움도 느끼면서 일하고, 영화 보고, 친구 만나고, 식사를 즐긴다면 남들과 똑같이 '병들지 않은' 인생을 보내고 있는 것이니 문제 될 게 하나도 없다.

다른 선택을 한 사람들도 마찬가지다. 외로울 때도 있고, 즐거울 때도 있다. 결혼한 사람은 결혼한 사람대로, 이

혼한 사람은 그 사람 나름대로, 결혼과 이혼을 반복하는
사람도 그 나름대로 '실패한 인생인가' 하는 생각이 문득
문득 뇌리를 스치는 매일을 살고 있다.

반대로, '비혼이라 정말 편하고 좋아요' '결혼한 후 서
로 생각이 달라 부딪친 적이 한 번도 없어요'라는 말들이
더 부자연스럽다. 허세에 불과하며, 진료실에서 내원자가
이런 말을 한다면 치료가 더 필요하다고 생각한다.

아이를 낳지 않는 선택

아이를 낳지 않는 선택도 마찬가지다. 이 또한 부모와 자녀 관계에서 상처받은 사람들이 곧잘 하는 선택이다. 부모와 자녀 관계에 기대가 없다, 엄마나 아빠가 된 자신의 모습을 상상할 수 없다, 아이를 낳아도 행복하게 해줄 수 없을 것 같다는 등의 이유에서다.

어떤 길을 선택해도 매일 만족스러운 인생은 존재하지 않는다. 어쩌다 만난 오랜 친구들이 육아 이야기에 꽃을 피우면 소외감이 든다. 요즘에는 '아이 안 낳아요?'라는 질문을 하는 경우는 드물지만, 나이 든 자신에게 당연히 아이가 있을 것으로 가정하고 얘기하는 사람들을 마주치게 된다. 아이를 키우지 않겠다는 선택을 하게 만든 부모를 원망하거나 자신의 운명을 한탄할 수도 있다.

때로는 하지 않은 선택을 아쉬워하고 괴로워하더라도 그 괴로움에 지배되지 않는 태도가 중요하다.

40대 후반에서 60대 사이에는 다른 집 아이들도 다 크거나 독립해서 또다시 같은 상황이 된다. 아이가 있고 없고가 일상생활을 좌우하는 시기는 지나가 버린다.

노인이 되면 부부 중 한 명이 먼저 세상을 떠나 혼인을 선택했던 사람들도 누구나 혼자가 된다.

인생에서 어떤 길을 걷든 마지막은 모두 똑같은 곳에 도달한다.

이렇게 생각하면 세세한 차이를 신경 쓸 필요 없다. 가끔가다 마음에 걸려도 '뭐, 어쩌겠어'라는 생각으로 살면 그만이다.

사람들은 누구나 '뭐, 어쩌겠어'라는 상황에 도달하게 된다. 인생의 굴곡을 겪으며 한두 가지 정도가 아니라 수십 개, 수백 개의 타협점을 발견하고 거기에 착지한다.

초등학교 운동회 때 영웅이 되지 못했다, 친한 친구가

예뻐서 인기가 많았다, 성적이 모자라 원하던 학교에 가지 못했다 등 무수한 '아쉬움'이 남아 있지만, 우리의 일상은 이런 굴곡과는 상관없이 흘러간다. 이런 아쉬움이 우리의 일상까지 지배하게 해서는 안 된다.

나이가 들어서도 여전히 전전긍긍하는 사람을 보면 위화감이 든다. 가령 사회적으로 성공한 중년이 '사실 도쿄대에 가고 싶었어. 도쿄대를 가지 못한 게 내 평생의 한이야'라고 말한다면 안타까운 일이다.

아쉬움이 남아도 어쩔 수 없다. 어떤 인생이든 반드시 아쉬움이 남는다.

'부모'에 대해서도 이런 균형 감각을 가지면 괴롭고 거북한 마음이 많이 덜어진다. 냉정하게 들리더라도, 평생 변하지 않을 부모와 싸우는 데 소모하기엔 내 인생이 너무 아깝다. 안타깝지만, 어쩔 수 없다고 결단하면, 그것으로 해묵은 문제를 종결할 수 있다.

은둔형 외톨이, 폭력의 연쇄

부모와 절연하거나 화해하거나, 일정한 거리를 두고 살거나, 기대치를 낮추거나, 부모처럼 살기 싫어 결혼하지 않고 아이를 키우지 않는 것은, '그걸로도 괜찮다'고 말할 수 있는 문제 없는 선택이다. 하지만 트라우마 때문에 은둔형 외톨이가 되었다면 그건 새로운 문제의 시작이다. 자녀한테 폭력을 휘두르는 폭력의 연쇄는 한층 더 심각한 문제다.

은둔형 외톨이한테는 '행동요법'이 효과가 있다. 간단히 말해 집 바깥으로 나가면 된다. 대화를 나누고 생각에 잠기기보다 행동 변화가 지름길이 될 때가 있다.

그러나 급격한 변화는 어려우니 서두르지 말자. 우선

불안감이 들지 않는 쉬운 난이도의 장소부터 방문해보길 권한다.

예를 들면, 복지 시설의 취업지원센터를 방문해서 상담해 보거나 유기동물 보호소에 자원봉사를 하러 간다. 간단한 아르바이트를 시작으로 작업시간을 조금씩 늘리고 점점 더 어려운 작업에 도전해본다. 아르바이트에 익숙해지면 일자리를 알아보는 단계로 넘어간다.

폭력을 멈출 수 없는 경우에는 치료나 상담을 통한 자기관찰만 해서는 안 되며, 행동이나 환경을 바꾸면 효과가 있다. 상담 기관의 도움을 받는다. 경제적으로 곤란하면 지자체 복지담당 공무원에게 상담을 요청한다. 키우기 힘든 기질의 아이라면 소아정신과 상담을 받는 등 다양한 지원을 받을 수 있으니 최대한 활용한다.

그리고 반드시 자신의 트라우마와 마주해보길 권한다.

원망이 가시지 않는다면?

부모를 향한 원망에 지배돼 부적절한 행동(합리적이지 않은
행동)을 반복한다면 치료받는 것이 바람직할 것이다.

'반복 강박'을 이해하면 효과가 있다. 반복 강박이란 뒤
틀린 부모와의 관계를 다른 사람과 또다시 반복하는 행동
을 말한다.

예를 들어, 아버지는 위협적이고 어머니는 억압받다가
불만이 쌓여 결국 부부 사이가 냉랭해진 집에서 자랐다고
해보자. 아이는 아버지한테 두려움을 느끼고, 어머니한테
는 상담사 역할을 하고 있다. 이러한 가족의 전체 구도를
'가족 원형'이라고 한다. 이 용어는 내가 임의로 만든 것이
다. 원체험인 가족이 마음의 모델로 남아 있다는 의미다.

이러한 가족 원형을 가진 아이는 이후에 구축하는 인간 관계에서도 똑같은 행동을 반복하는 경우가 종종 있다.

결혼 후 남편이나 배우자의 아버지한테 두려움을 느낀다면 이건 반복 강박이다. 또는 아버지를 비난하는 어머니의 하소연을 매일같이 고분고분 들었다면, 배우자의 어머니한테 매우 순종적으로 행동하거나 자신의 딸이 하자는 대로 뭐든 따르게 되기도 한다. 이 역시 반복 강박이다.

반복 강박은 과거 자신의 역할만 반복한다고 단정 지을 수 없다.

과거 어머니의 역할이 돼 딸한테 신세 한탄을 늘어놓는 유형도 있고, 아버지 역할이 돼 딸을 자주 혼내기도 한다.

결국 '지금 하고 있는 행동'이 과거의 자신과 가족을 이해하는 열쇠가 된다. 가족 원형이 잘 이해되지 않을 때 '당신은 지금 딸한테 당신의 아버지가 당신에게 했던 것과 똑같이 행동하고 있어요'라고 해석해주면 단번에 이해한다.

'내가 이런 역할을 했었구나.'

'부모님은 이런 기분으로 행동했구나.'

이러한 인식을 거치면서 부모에 대한 관점과 감정이 크

게 변화한다.

체험해 보지 않은 사람은 이 역동적 변화가 의아할 수도 있겠지만, 임상에서 실제로 일어나는 일이다. 현재 자신의 행동과 과거의 기억이 연결됨으로써 단번에 자기 이해와 타자 이해로 발전해 지금까지 불가능했던 유연한 사고와 행동이 가능해진다.

반복 강박 이해를 통한 '마음속 화해'는 부모가 이미 사망했어도 가능하다. 부모가 세상에 없는데도 원망이 사라지지 않고 매몰돼 있다면 부디 이 접근법을 참고하길 바란다.

이 접근법은 매우 특수하며 심층 의식을 이용하기 때문에 어떤 의미로는 위험한 행위다. 그러므로 신뢰할 수 있는 상담사와 함께 마음을 탐구하길 권한다.

부모가 이미 세상을 떠났다면?

이미 세상을 떠난 부모와 결국 화해하지 못해 후회된다면 어떻게 해야 할까? 앞선 '결혼하지 않는다' '아이를 낳지 않는다'는 선택과 마찬가지로 때때로 후회하며 살아가는 것도 자연스럽고 괜찮은 삶이다.

후회하면 안 될 이유는 없다. 적당한 죄책감을 안고 살아가는 것이 인간의 평범한 모습이다. 세상을 떠난 부모에 대한 후회가 드는 순간은 기억 속에서 생겨난 이상화일 수도 있다. 시간이 흐를수록 '즐거운 일도 있었어' '아버지는 아버지의 방식대로 나를 사랑했어'라는 식으로 좋은 면만 골라 머릿속에 떠올리는 것이다.

아버지가 살아있어 관계를 개선할 시간이 있다면 어떨까? 시간을 되돌려 화해할 기회가 주어진다면 어떻게 될까? 결국엔 예전처럼 어긋나거나 등을 돌리지 않을까? 알 수 없다. 시간이 다시 주어져도 어떤 일이 일어날지 알 수 없으니 '안타깝지만 어쩔 수 없다'도 괜찮은 마무리다.

이런 감각을 불교 용어로 '체관(諦觀, 진리를 상세히 관찰하다)'이라고 한다. 보통 사람들은 다다르기 어려운 고차원적인 깨달음의 경지 같은 걸까? 이 말은 단순하게 말하면 '뭐, 이쯤이면 됐어'라는 정도의 느낌이다. 체관을 얻었다고 카타르시스를 느끼거나 인생의 길을 발견했다고 환호하게 되지는 않는다.

체념하기로 결심한 순간 애초에 무엇에 집착했는지조차 잊는다. 어렸을 때 가지고 놀고 싶었던 장난감이 이제는 생각나지 않는 것처럼 말이다.

그리고 잊힌다는 건 이제 문제가 되지 않는다는 의미다.

인생이 앞으로 나아가는 한, 과거에 사로잡힐 틈도 없을 만큼 현실의 문제가 연달아 일어난다. 마감에 쫓기거나, 아이의 성적이 부진하거나, 카드 대금을 연체하지 않으려고 이리저리 마음 졸이고 시달릴 때면, 세상을 떠난 부모를 떠올릴 겨를도 없다.

마음의 상처가 있는 사람들도 그렇게 살아가고 있다.

제5장

정신과 진료실에서
일어나는 일

정신 질환은 어떻게 진단하는가

마지막 장에서는, 진료 현장에서 정신과 의사가 하는 일과 내원자한테 일어나는 변화를 설명한다. 전문의가 아닌 사람들, 클리닉 방문을 고심하는 사람들의 머릿속에도 잘 그려지도록 최대한 쉽게 설명하려고 한다. 임상의를 지망하는 의대생한테도 도움이 되길 바란다.

초진에서 어떻게 진단을 내리는지부터 보자.

의사가 진단할 때 공통적으로 쓰는 가이드라인이 있다. 내원자가 어떤 일로 힘들어하고, 언제부터이고, 어떤 증상이 있는지, 경과는 어떤지 등을 질문해나가면 여기에 해당하는(또는 가까운) 질환명이 보인다.

정신과에서는 채혈이나 엑스레이 검사를 할 일은 거의

없다. 뇌의 이상에 의한 우울증이나 조현병 등도 MRI를 찍어 병변을 알아내지는 않는다.

작성한 문진표를 보고 대화하면서 판단한다. 가족이나 제3자의 의견까지 포함해 종합적으로 파악하는 것이 바람직하다.

검사 없이도 판단이 가능한 이유는 정신의학의 과거 역사를 통해 축적된 데이터(임상 지식)가 있기 때문이다. 마음의 병에 걸린 환자들의 진료기록이 쌓이고 똑같은 증상과 경과에 병명이 붙으면(분류화) 치료 가이드라인의 토대가 된다.

정신과 의사는 내원자와 대화하면서 그중 어떤 병명에 부합하는지 살펴본다. 경험이 쌓이면 '이건 우울증 초기다' '조현병이다' 판단하는 속도가 빨라지고 정확도도 높아진다. 정신과 의사가 질환을 인식하는 것은, 정신의학의 역사에서 축적된 지식과 오랜 경험에 근거한다.

의료복지 지원에 필요한 절차도 질환마다 가이드라인이 있다. 약물치료도 마찬가지다. 질환에 따라 환자마다 조금씩 다르게 처방하고 경과를 지켜보는 것이 기본적인 치료 과정이다.

안전성과 낙관성을 확인한다

약물치료와 상담을 병행하기 전에 상담이 가능한 상태인지 검토하는 단계가 있다.

먼저, 안전성과 낙관성을 확인한다.

안전성이란 최소한의 의식주 확보, 몸과 마음의 건강 그리고 대화 가능 여부를 뜻한다. 우울증에 의한 불면과 식욕부진으로 건강이 현저히 나빠진 상태면 대화는 나중으로 미룬다. 체력 회복이 최우선이다. 또는 남편의 상습적인 가정폭력 때문에 위협받고 있다면 즉각 보호소에 들어가 신변을 보호해야 한다.

경제력도 중요하다. 모아둔 돈도 없고 경제 활동도 불가능한 상황이면 기초생활수급자 자격을 신청해서 일단 기본적인 생계가 가능해져야 한다.

안전성이 확보되면 다음은 낙관성이다.

내원자들은 어려움이 있기에 정신과에 오는 것이지만 그래도 증세가 나아질 수 있다고 믿는 '최소한의 낙관성'은 필요하다.

'살아 있을 가치가 없다' '나는 절대 좋아질 리 없다'고 확신하거나, '의사는 아무도 믿을 수 없다'는 적의로 가득

차 있으면 대화가 진전되지 않는다. 상담 치료를 시작하려면 일종의 '상식적인 낙관성'이 필요하다. 그렇지 않으면 상담을 해도 일관성 없는 결론밖에 나오지 않는다.

이럴 때는 낙관성이 확보될 때까지 '지지적 경청'을 실시한다.

상대의 말을 부정하지 않고 끝까지 다 듣고서 괴로움과 고독감 바로 근처까지 다가가 불안과 공포를 완화해주는 말을 건넨다.

시간이 많이 들 때도 있지만 많은 내원자가 서서히 변하고 마음을 연다. 의식주가 안정되면 낙관성이 돌아오기도 한다.

사회성과 지적 수준을 확인한다

상담이 가능한지 판단하려면 두 가지를 더 확인해야 한다.

하나는 사회성이다. 사교적일 필요는 없지만, 너무 난폭하면 안전성까지 위협받는다. 타인 공감성이 부족하고, 사회적 규칙이나 윤리를 우습게 아는 사람도 대화가 어렵다.

사회인으로 일할 수 있는 사람이면 최소한의 기준은 충족할 가능성이 크다. 일을 하지 않더라도 예약 시간에 맞

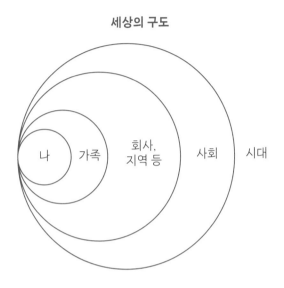

세상의 구도

나 가족 회사, 지역 등 사회 시대

취 오고, 합의된 상담 종료 시간을 준수하는 등, 사회와 병원의 규칙을 지키는 사람이라면 문제없다.

다른 하나는 지적 수준이다. 상담에서는 다양한 수준의 언어 처리 능력이 요구된다. 복잡하고 구체적이거나 때로는 추상적이고 난해한 언어적 교류를 하기 때문이다. 처음부터 끝까지 자기 이야기만 한다고 되는 일이 아니다. 의사의 설명을 이해하고, 받아들이고, 응용하는 힘이 필요하다.

상담 중에 내원자에게 '세상의 구도'를 이해시킬 필요

가 있다.

내가 있고, 가족이 있고, 회사나 지역이 있고, 사회가 있다. 사회도 시대의 틀 안에 있다. 이런 식으로 자신의 위치를 객관적으로 파악하는 초반 작업이 상담 과정에 꼭 필요하다.

그리고 이를 이해할 수 있는 수준의 지성이 필요하다. 이 책의 내용을 이해하고 스스로 사고할 수 있는 정도면 훌륭하다.

내원자가 성인이라 하더라도 지적장애, 경계성 지능, 발달장애 상담은 그 사람의 언어능력에 맞춰 변형할 필요가 있다.

위의 조건들을 충족하고 서로에 대한 신뢰가 생기는 시점에 상담을 시작한다.

객관화를 위한 대화

지금까지 서술했듯, 정신과 진료는 내원자의 편향을 없애는 과정과도 같다. 이 과정에서 대화는 필수 불가결하다. 편향은 다른 사람과 이야기하면서 교정되고 제거되기 때문이다.

의사는 내원자의 사생활 중 '사실'에 대해 질문한다. 이 질문의 대답들이 객관적인 사실을 새롭게 인지하는 방향으로 이어진다.

새롭게 인지할 대상은 가족과 관련된 과거 사건만이 아니다. '부모와 멀어지지 못하고 있다' '맹목적으로 복종하고 있다'는 현재의 문제도 함께 인지하고, 나아가 자기 자신도 객관적으로 볼 수 있어야 한다. '엄마가 하라는 대로

만 하는 내가 이상한가?'라는 식으로 자신의 왜곡된 가치
관을 알아차리게 해야 한다.

그렇게 점점 합리적 행동을 할 수 있는 상태에 가까워
진다. 이것이 치료다. 수동적으로 받아들이기보다 주체적
이고 적극적으로 이해하려는 태도가 요구된다.

여기까지 읽고 정신과 상담이 '의외로 담담하고 차분
하다'고 느낄 수도 있다. 상담이라 하면 치유와 위로 같은
감정적인 이미지를 상상할 수도 있다. 아니면, 다친 마음
을 따뜻하게 받아주거나 마음이 한결 가벼워지는 장면을
떠올릴 수도 있다.

그런 측면이 아예 없지는 않다. 하지만 상담에서는 '감
정 제거'가 더 중요하다. 이 점을 간과하면 객관화가 어려
워진다. 부모와 자녀 관계에서는 외로움이나 분노, 또는
질투나 애정을 갈망하는 감정이 만들어낸 편향이 많아 감
정에 좌우되는 것은 바람직하지 않다.

의학은 본래 감정이라는 주관을 제거한 과학의 영역이
다. 정신의학은 정신적인 문제를 과학적으로 분석하자는
취지에서 출발한 학문이다. 인간이 주관적으로 '느끼는'

정보를 객관적으로 '관찰'함으로써 치료가 가능해진다.

내원자와 대화하면서 끊임없이 균형을 조절하는 것이 의사의 치료법이다. 지나치게 비관적이면 좀 더 긍정적으로. 묘하게 낙관적이고 뒷일을 생각하지 않는 거침없는 행동을 하려고 하면 좀 더 냉정하게 현실을 제시한다.

너무 애써도 안 되고 마냥 손 놓고 있어도 안 된다. 내원자가 죄책감에 너무 몰려서도 안 되고 피해의식에 빠져서도 안 된다. 이렇게 균형을 조절해간다.

당연한 말이지만, 단 한 번 만에 최적의 균형이 이뤄지지는 않는다.

"지나친 생각이에요. 그런 생각을 멈추고 일상사에 좀 더 몰두해 보세요"라고 말해도 즉시 가능할 리 없고, 애초에 '생각을 어디서 멈춰야 하는지' 내원자는 모른다.

이 '어디서?'는 누구나 많이 헤매는 부분이다. '가끔은 자신을 칭찬해주세요'라는 말을 예로 들어보자. 여기서 '가끔'의 빈도를 말하라면 난감해진다. 자신만의 감으로 '적당히' 어림짐작할 수밖에 없다.

스스로 균형을 잡는 데는 한계가 있으니 제3자의 시선을 빌려 균형을 맞춰가는 것이다. 한쪽 눈만으로는 물체

의 거리감을 알 수 없고 두 눈을 활용해야 거리에 대한 감
각을 비로소 알 수 있는 것과 같다.

최적의 균형점은 사람마다 다르다. 내원자의 증상, 타
고난 성격, 사회 배경에 따라서도 천차만별이다.

균형을 조절해나가면 자연스럽게 일어나는 현상이 있다.

단순히 균형점을 찾는 데 그치지 않고 한 단계 더 높
은 차원에서 사물을 사고하게 된다. 이를 '아우프헤벤
(Aufheben, 지양)'이라고 한다.

갈등을 겪고 있는 동안에는 보이지 않던 것이 보이고,
한 계단 위로 올라서서 내려다볼 수 있게 된다. 시야가 넓
어지면 불안도 점점 사라진다.

이 계단을 조금씩 올라가는 과정이 '치료' 과정이라고
할 수 있다.

'저항'의 원인을 밝히다

'조금씩' 계단을 올라간다고 말했는데, 정말로 조금씩인 데다 아무 난관 없이 매끄럽게 진행될 가능성도 없다. 서장에서 내원자는 '악착같이 변하지 않으려고 한다'는 설명을 기억하는가.

무언가를 해보자는 권유를 듣지 않고 무시한다. 말로는 "네" 하면서 역시 행동으로 옮기지 않는다. 이런 일은 반드시 일어난다. 이를 '저항'이라고 한다.

분명 치료되길 원할 텐데 왜 저항할까? 그 이유를 내원자와 치료자는 밝혀내야 한다.

예를 들면, 자기관찰을 해낼 힘이 충분히 있는가, 제3자의 시선으로 가족과 나 자신을 파악할 수 있는 '메타 인지' 능력이 있는가를 살핀다.

만약 없다면 이건 지능의 문제이며, 경계성 지능이나 발달장애의 영향일 수도 있다. 아니면, 나이가 어려 인생 경험이 부족해서일 수도 있다.

원인이 확실해지면 학습을 통해 보조할 필요가 있다.

그런데도 저항이 계속되면, 변화를 거부하는 이유를 좀 더 본격적으로 찾는다. 부모와 자녀 사이 문제에서 '변화' 란 나 자신과 부모를 새롭게 이해하고 수용한다는 의미 다. '자기 이해'로 표현하면, '나는 그때 정말로 상처받았 다' '이런 이유로 상처받았다'라며 자신의 관점에서 객관 적으로 상황을 판단하는 것이다.

'그때 나는 다른 사람을 이해할 능력이 없었어' '나는 지나치게 예민했어'라는 가혹한 현실을 받아들여야 하는 순간도 있다. '해결할 수 없는 문제를 고민하느라 10년을 헛되이 보냈어' 등의 쓸쓸한 인식도 있다. '알게 되는 고 통'을 받아들이는 작업도 치료에 필요한 과정이다.

'부모 이해'로 표현하면, '그때 부모님의 상황은 이랬 어' '비록 용서할 수 없지만 그런 사정이 있었던 거야'라는 식으로 부모의 관점에서 상황을 파악하는 것이다.

만약 내원자가 변화를 거부한다면 그 이유는 무엇이고, 어떻게 해야 변화를 받아들일지 찾아내야 한다.

이제부터는 내원자의 내면에 들어가 변화를 일으킬 준비를 해보자.

변화를 촉진하는
세 가지 방법

상황을 정리하는 '명확화'

의사는 내원자의 마음속에 있는 '저항'의 정체를 해석하고 지적해 내원자한테 인식시켜야 한다. 여기에도 단계가 있다. 저항의 뿌리가 얼마나 깊은지에 따라 세 종류의 접근법을 동시에 병행한다.

첫 번째 접근법은 '명확화'이다.

내원자가 잘 인식하지 못하는 부분을 이해하기 쉽게 정리하는 방법이다. 복권 당첨률을 수치로 알려주는 것과 같은 이치다.

당첨될 예감이 들어 계속 복권을 산다는 사람한테 "그런다고 당첨 안 돼요"라는 말은 설득력이 없다. 하지만,

전국에서 복권을 사는 사람이 몇 명인지, 그중에서 당첨자는 몇 명인지 수치로 제시하고, 당첨 확률을 계산해서 "당첨될 가능성이 희박하네요. 돈만 버렸어요"라고 말해주면 설득할 수 있다. 일상에서는 분위기에 휩쓸려 판단하기 쉽고, 정확한 수치를 따져보는 일은 의외로 적다.

시간을 관리할 때도 수치로 접근하면 유용하다. '이것도 하고 싶고 저것도 하고 싶은데 정작 아무것도 못 하고 있다'는 사람한테 '저거 하는 데 몇 분' '이거 하는 데 몇 분' 이렇게 소요 시간을 정리해 명확화하면 '하고 싶은 일들을 하는 데 하루 24시간이 부족하지 않다'는 것을 깨닫게 된다.

즉 명확화란, 이야기를 정리하면서 객관적인 사실을 보충해 사물이나 고민거리의 구조를 가시화하는 작업이다.

명확화는 우리가 의식하는 것과 인지하는 사물은 정리해주지만, 무의식의 영역까지 들어가지는 않는다. 어디까지나 객관적인 사실만 정리하는 작업이다. 이미 알고 있다고 생각했던 것도 가시화해보면 인식이 상당히 달라진다.

이 요령으로 부모와 자녀 관계에 대해서도 객관적인 사실 중심으로 정리하도록 촉구할 수 있다.

아버지 때문에 괴로워서 아무 일도 손에 잡히지 않는다
는 사람한테 그 고민이 그 많은 시간을 쏟을 만큼 가치 있
는지 지적한다.

"아버지가 당신을 싫어했다는 점에 크게 마음을 쓰고
있네요. 다른 가족들은 오히려 아버지를 싫어하죠?"

"어머니와 아버지는 형식적인 부부네요."

"아버지 연세면 평균수명에 거의 도달하셨네요. 아버
지가 언제까지 가족과 함께하실 수 있을까요?"

"아버지 문제는 고민해도 할 수 있는 게 별로 없지 않을
까요? 아들 문제는 어떤가요? 할 수 있는 일들이 많이 있
지 않을까요?'

이런 부분들을 지적한다.

이때는 관계도 등을 그려 전체 구도를 가시화해본다.
나는 진료 중에 화이트보드를 사용해 정보를 시각화한다.
대부분의 사람들은 자신의 개인적인 상황을 적어본 경험
이 없다. 그래서 내원자와 대화하며 그 자리에서 써서 가
시화하면 상황을 객관적으로 보는 데 도움이 된다.

비교적 가벼운 저항이면 이것만으로도 '내가 너무 오래
그 문제를 붙들고 있었다'고 깨닫게 된다.

무의식을 지적하는 '직면화'

명확화는 '스스로 조금 생각해보면 알 수 있다'는 수준일 때의 접근법이다.

이처럼 생각할 때 자각이 가능한 영역을 '전의식'이라고 한다. 그런데 이보다 더 깊은 수준의 저항이 일어날 때가 있다. 바로 '무의식'의 영역에서 일어나는 저항이다.

무의식은 말 그대로 스스로 의식할 수 없다. 사람들의 무의식적인 행동의 이유에는 '알고 싶지 않다' '보고 싶지 않다'가 있다. 그래서 떠올리기 싫은 것들을 무의식의 영역으로 몰아낸다.

알고 싶지 않다는 건 즉, 듣기 싫은 말이라는 것이다.

아주 간단한 사례를 보자.

A 사진 찍을 때마다 몸을 뒤로 빼네.

B 습관이 돼서 저절로 그렇게 돼.

A 얼굴이 작아 보이고 싶어? 네 얼굴이 크다고 생각해?

B가 이 말을 듣고 얼마나 불쾌할지 어렵지 않게 상상이 간다.

의사는 무의식을 지적할 때 내원자가 이런 감정이 들게 할 수밖에 없다. 이를 '직면화'라고 한다. 이 '직면화'가 두 번째 접근법이다.

의사가 내원자한테 말할 때를 예시로 들자면, "아마 몰랐겠지만, 언니를 질투하고 있어요" "어머니를 나쁘게 말하는 이유가 언니가 더 사랑받는 게 억울해서 그런 것 아닌가요?"라는 식이다. 때로는 "몰랐겠지만, 당신에게는 발달장애 특성이 있습니다" "차별의식이 있네요"라는 지적을 하기도 한다.

내원자들은 예외 없이 강렬하게 저항한다. "그렇지 않아요"라고 부정하거나 "말이 심하시네요"라며 화를 낸다.

하지만, 내원자들이 이 고비를 잘 넘기고 무의식 속의 자기 자신을 인정하게 된다면 큰 진전이다.

치료가 도중에 중단되지 않도록 이 정도 분노나 불안은 견뎌낼 신뢰 관계를 사전에 쌓아놓는 것도 중요하다.

의사와의 관계에서 발생하는 '전이'

명확화나 무의식의 지적(직면화)에도 저항이 꺾이지 않을 때가 있다. 이때는 마음을 더 동요시킬 계기가 필요하다.

치료란 '감정에 의한 편향을 없애는 과정'이라고 설명했다. 이해했다고 모든 게 머리에 들어오지는 않는다. 가장 심층에 자리 잡은 저항은 이론으로 이해한다고 극복하기는 어렵고 더 강한 자극이 필요하다.

감정이 요동치거나 뇌가 충격으로 받아들일 정도로, 냉정하게 들리겠지만 완고한 자아가 어느 정도 무너질 정도의 체험만이 편향을 없앨 수 있는 사례도 있다.

그 체험이 바로 세 번째 접근법인 '전이' 해석이다.

전이란, 기억에 남은 이미지를 무의식적으로 다른 인물에게 겹쳐보는 것이다. 엄격한 아버지가 양육한 사람이 어른이 돼서도 나이 많은 남성을 경계한다면, 그 남성한테 전이가 일어났다고 본다. 나이 많은 남성을 통해 기억 속의 아버지한테 접근해버린 상태이자, 무의식 속에서 현실과 기억이 기묘하게 혼재된 상태다.

정신과 내원자는 치료 과정 중 의사한테 전이를 일으킨다. 극도로 싫어하거나, 이상화하거나 연애 감정을 느낀다. 내원자의 일상적인 인간관계에 포함된 의사는 내원자한테 더 이상 남이 아니게 된다.

의사는 여기에 말려들지 않고 전이가 일어났다고 해석

하고 왜 전이가 일어났는지 내원자와 함께 생각해본다.

즉 전이란 명확화나 직면화처럼 내원자의 이야기를 소재로 나누는 대화가 아니라, 내원자와 '의사'의 관계에 대해 이야기하는 격렬한 대화다. 치료의 절정이라고 할 수도 있다.

의사 왜 그렇게 화가 났나요?

내원자 선생님이 못살게 구니까요!

의사 못살게 굴든 아니든, 의사는 원래 이래요.

내원자 그럴 리 없어요. 의사는 도와주는 사람이잖아요?

의사 의사도 못 하는 게 있어요.

내원자 …….

의사 저 같은 사람한테 왜 그렇게 도움을 바라세요?

내원자 네?

의사 신도 뭣도 아닌 고작 의사면허를 가진 아저씨가 당신을 구원해 줄 거라고 믿고 있다니, 이상하잖아요?

내원자 …….

의사 제 능력 밖이에요. 혹시 전이가 일어나지 않았나요? 부모가 당신한테 응당 해줬어야 할 일, 그러니까 부모한테 받지 못한 도움을 저한테 바라고 있지 않나요?

이런 대화를 나눈다.

내원자는 말문이 막히지만 이내 진정되면 납득하는 경우도 많다. 글로 정리해 놓으면 그야말로 드라마에나 나올 법한 기이한 체험이다. 갑작스러운 연인의 이별 선언이나 친한 사람의 부고 소식 수준의 강한 체험이다. 관점을 바꾸어 자신의 기대가 잘못된 것이었다고 인정하는 것은 고통스러운 경험이다.

비교적 짧은 시간 안에 납득하는 사람도 있고, 진료가 끝나고 시간이 상당히 지난 후에 "선생님 말이 맞는 것 같아요"라고 하는 경우도 있다.

전이는 해석만 했다고 끝이 아니다. "의사한테 어떤 역할을 부여했는가" "왜 그랬는가?"까지 밝혀내야 한다. 이 대화는 개인의 과거로 파고들기 때문에 긴장감이 팽배해진다.

격렬한 동요, 역전이, 의사의 전이

전이의 이유를 알게 된 순간의 격렬한 동요

의사한테 연애 감정이 생기는 '연애 전이'도 간혹 있다.

이때도 상대의 감정에 말려들지 않도록 세심한 주의를 기울이되 왜 전이가 일어났는지 분석해야 한다.

"왜 그렇게 저를 좋아하나요?"

이렇게 물으면 각양각색의 대답이 나온다.

"제 말에 귀 기울여줘서 기뻤어요."

"좋아하는 마음은 본능이니까 이유가 없어요."

그렇다면 이런 마음을 일으킨 근원에 있는 그 무언가가 문제로 대두된다.

이때부터는 내원자한테 무척 힘든 시간이다.

"그런 감정이 든 이유는 살면서 남들이 다정히 대해준 적이 없어서일지도 몰라요."

"당신이 본능에 쉽게 지배당하는 사람이라 나타난 현상일 수도 있죠."

"감정에 쉽게 지배되는 나약함의 표현일지도요."

나는 이런 식으로 이야기해준다. 내원자는 호의를 품은 상대한테 지적당해 심한 상처를 받을 수도 있다. 그래서 신뢰 관계가 중요하다.

이보다 더 잔혹한 사실과 직면해야 하는 사례도 있다. 아버지가 다른 여성과 부적절한 관계를 맺고 집을 나가 트라우마가 생긴 내원자가 의사한테 연애 전이를 일으켰다고 해보자.

의사 저를 좋아하면 어떡해요? 저는 가정도 있고 아이도 있어요.

내원자 가정을 망가뜨릴 생각은 추호도 없어요. 그냥 좋아만 하는 거니까 괜찮잖아요.

의사 그게 납득이 되나요?

내원자 좋아해서는 안 될 사람이지만, 좋아졌으니까 어쩔 수 없어요.

의사 왜 '좋아해서는 안 될 사람'이 좋아졌나요?

내원자 …….

의사 당신의 아버지도 그랬었죠.

내원자가 의사한테 가진 감정은 그녀의 아버지가 다른 여성한테 가진 감정과 똑같다고 의사가 지적한다. 좋아해서는 안 될 사람을 좋아한다, 사회 규칙에 반하는 감정을 품는다, 아버지가 당신에게 상처를 준 것처럼 당신은 지금 자신에게 똑같이 하고 있다는 잔혹한 얘기다.

이때 내원자는 격렬하게 동요한다. 때로는 몸을 가누지 못할 정도로 절규한다.

이렇게까지 격렬한 전이 해석은 진료에서 그렇게 흔하지는 않다. 서로가 이야기를 정리하고, 이해를 더하고, 내원자가 더 깊은 연애 감정으로 치닫지 않도록 주의하면 커다란 동요는 일어나지 않는다.

어쨌든 치료 과정에서 의사와 내원자와의 관계성이 단단해지면 크든 작든 전이는 반드시 일어난다. 내원자는 의사와 좋은 관계가 되었다, 마음을 열고 대화할 수 있는 사람이 생겨 기쁘다, 혹은 원망스럽다……. 내원자가 이런 식으로 의사에 대해 감정을 키워가고 있을 때 "생판 남인 의사한테 왜 부모에게나 품을 만한 그 정도의 감정을 품나요? 원래 그런 편인가요?"라는 식의 냉정하고 잔혹한 해석을 들으면 괴로워한다.

그렇더라도 의사는 전이가 일어날 만큼 가까운 관계를 쌓아야 한다. 그다음에 '환자가 낫길 바라는' 진지한 마음으로 용기 내어 치료에 임해야 한다. 타이밍, 말투에서 조금이라도 실수하면 역효과가 일어나 증상이 더 악화될 수도 있어 주의해야 한다.

마음의 상처가 있는 사람은 타자 이해가 부족해 '처음 보는 모르는 사람도 다정할 수 있다'는 것을 잘 모르는 경우가 많다. 부모를 불신하는 사람은 그 연장선으로 사회를 불신하고, 아주 가까운 사람만 믿는다. 그런데 연애 관계에서 알 수 있듯, 거리가 너무 가까워지면 무조건 마찰이 일어난다. 그러면 가까운 관계에서 상처받은 체험으로 인해 점점 타인을 믿을 수 없게 된다.

중요한 것은, 적당한 거리를 유지하고 그 거리에 있는 타인과 서로 신뢰하게 되는 것이다. 의사나 심리치료사는 환자가 적당한 거리를 두고 자신과 우호적인 관계를 유지하도록 연습하게 한다. 그 과정에서 환자는 선을 넘어 접근하기도 하고 멀어지기도 하는 등 실패와 성공을 체험하며 사람들과 적정 거리를 두고 교류하는 법을 배워간다.

알게 모르게 연기하는 '역전이'도 있다

전이는 일반 사회에서도 흔하게 일어난다.

회사 동료나 학교 친구 중에 '쟤만 보면 이유 없이 짜증 나'라고 느낀 적 없는가. 그러다 결국 짜증을 주체 못 하고 버럭 화내놓고는 '내 성격은 원래 이렇지 않은데' '나한테 이런 못난 모습이 있다니'라며 좌절한 적 없는가.

이런 경우, 상대의 전이에 말려들었을 가능성이 있다.

4장에서 다른 공간에서 가족 원형을 반복하는 '반복 강박'을 설명했다. '나를 짜증 나게 한 사람'은 어쩌면 화를 잘 내는 아버지 또는 어머니 앞에서 벌벌 떨며 자란 사람일 수도 있다. 그리고 어른이 돼서도 벌벌 떨던 아이 역할을 직장이나 친구 관계에서 반복하고 있을 수도 있다.

그 사람은 화를 잘 내는 아버지 역할을 상대(나)한테 떠맡기고 있다. 즉 전이를 하고 있다.

그리고 주목할 점은 그 전이를 받은 쪽(나)은 자기도 모르는 사이에 그 부모와 같은 기분을 느끼게 된다. 이를 '역전이'라고 한다.

영문도 모른 채 상대에게 열받고, 짜증 나고, 화내고 싶어진다. 이는 무의식중에 역할(상대의 부모 역할)을 연기하는 것이다.

그러니 '이런 모습이 있다니 사실 난 별로인 사람이었어'라고 무작정 울적해질 필요는 없다. 이유 모를 짜증이 났을 때 '역전이가 일어났나'라고 인지만 해도 자신을 조절할 힘이 생긴다.

한편, 발달장애인은 역전이를 느끼기 어려운 경향이 있다. 공감 능력이 낮기 때문이다. 모든 사람이 원하는 무언가를 나도 원하게 되는 심리를 '동화'라고 하는데, 발달장애인은 동화되기 어려워 잘 물들지 않는다.

대부분의 사람은 '줄 서서 기다리는 가게'를 보면 '맛집인가? 나도 저기서 먹어볼까?' 궁금해하며, '올해 유행하는 색'이라고 하면 원래 내가 좋아하는 색이 아니어도 '그색깔 옷을 하나 사볼까' 하는 마음이 든다. 하지만 발달장애가 있으면 전혀 끌리지 않는다.

주위 사람들과 어울리지 못해 힘든 일이 많은 인생이지만, 상대한테 이끌려 역전이 되지 않는 부분은 장점이기도 하다.

한편, 치료자 쪽에서 전이가 일어나는 까다로운 문제도 있다. 치료자가 과거의 문제를 청산하지 않으면, 윤리적인 문제를 해결하지 않으면, 돈이나 명예에 지나치게 현혹돼 빠져나오지 못하면 전이가 일어난다.

치료자에게서 비롯된 문제인데도 역전이를 주장하며 상대한테 책임 전가를 하는 문제 상황이 발생할 수 있다.

그런데, 내원자 쪽에서 일으킨 역전이와 치료자 자신의 문제에서 시작된 전이를 어떻게 구별할까? 상당히 어려운 일이다. 따라서 동료 치료자들한테 가감 없는 의견을 구해야 한다.

나 역시 충분한 지식과 경험을 갖춘 동료들에게 의견을 구하며 그런 점은 없는지 지적해 달라고 말하곤 한다. 나는 곧잘 우쭐해지는 성격이므로…….

의사는 내원자의
'응어리'를 없앤다

지금까지 진료실에서 일어나는 치료 흐름을 살펴보았다.

진단부터 상담 시작 전까지는 공통되지만, '명확화' '무의식의 직면화' '전이 해석'은 한 차례로 끝나는 단순한 과정이 아니다. 저항이 생기는 지점이 다양해서 진료 때마다 함께 고민하고 찾아나간다. 말하자면 내원자 여기저기에 있는 '응어리'를 없애는 작업이다.

의사는 높은 시야에서 내려다보며 우선순위가 높은 응어리부터 초점에 두고 안내해주거나 상대의 흐름에 그대로 따라가는 등 임상 현장의 상황에 맞춘다.

기본적으로는 하나의 응어리를 없애고 그다음 응어리로 옮겨가는 식이다. 옮기는 순간에 여러 응어리가 서로

영향을 주고받아 저항이 복잡해질 수도 있으니 동시에 해결하는 계획을 세워야 할 때도 있다.

'동시에'라고는 했지만, 한 번에 하나씩 그 순간에 가장 심각해 보이는 응어리에 집중하며 이 과정을 반복하는 것이다.

정신과 의사는 집중력과 끈기, 에너지가 상당히 소모되는 직업이지만, 내원자가 응어리를 없애고 치유에 가까워지는 과정을 함께하는 일은 정말 보람차다.

전문 분야에서 이루어지는 일을 이 정도 설명만으로 이해하기 어려운 부분도 있을 테지만, 의사가 되려는 사람과 자신의 힘으로 '바뀌고 싶은' 사람에게 여기까지 서술한 내용이 도움이 되길 바란다.

'부모'라는 거대한 주제를 이해하고 지금까지와는 다른 내가 되어가는 길을 걷기 바란다.

인간의 존엄

부모를 올바르게 이해하고, 인지가 수정되고, 어둠 한 점 없는 현실이 이해되었을 때, 오히려 더한 절망감을 느낄 수도 있다.

분노나 슬픔에 취해 있을 수도 없고, 치료만 받으면 행복해질 거라는 막연한 기대도 사라져 극도의 공허를 느낄지도 모른다.

남들한테 없는 고통이 내 인생에만 일어났다는 사실을 우리는 과연 어떻게 받아들여야 할까?

17세기 프랑스 사상가 파스칼은 인간을 '생각하는 갈대'로 정의하면서, 극도로 무력한 존재가 절망에 패배하면서도 진실하게 살아가는 모습에 인간의 존엄이 있다고 말했다.

나는 매일매일 임상에서 뼈아픈 불행 속에서도 진실하게 살아가는 사람들과 만난다.

정신 질환은 절대 만만치 않다. 뇌 안에서 고통을 느끼는 영역이 직접 자극되니 고통 그 자체를 받아들이는 수밖에 없다. 어떤 이는 암 치료보다 더 힘들었다고 말하기도 했다. 그만큼 괴로운 병이다.

사회적으로도 큰 어려움을 겪는다. 정신 질환을 앓는 사람들은 경제력, 주변 사람들의 지지, 자신의 능력 등 다양한 면에서 남들보다 열악한 처지에 있는 경우가 많다.

이런 상황을 타인에게 이해받기는 어렵다.

정신의학과 관련된 문제는 차별과 편견이 아니더라도 타인이 이해해주기 어렵다. 상식을 넘나드는 유연성이 요구되고, 꼭 알아야 할 지식의 양도 많은 데다, 정신 질환자의 일반적이지 않은 여러 특성을 끈기 있게 받아줄 인내심이 있는 사람도 드물다. 정신 질환은 절대빈곤이나 전쟁처럼 공개적으로 드러난 위기 상황이 아니므로, 환자의 고통도 겉으로 잘 드러나지 않고, 주변 사람들도 깊은 관심을 기울이기보다는 외면해 버리기 쉽다.

모든 인간은 언젠가 죽는다. 종교가 없으면 사후에는 영원한 무(無)가 기다리고 있다. 이런 면에서 모든 인간은 평등하다. 착한 일을 했다고 보상받는다거나 괴로운 체험을 했다고 보상받지도 않는다.

물질적 만족보다 지속적인 마음 탐구가 행복에 더 도움이 되는지도 분명치 않다. 그러한 보고가 없지는 않지만, 수많은 환자한테 마음 탐구는 꼭 해야 하는 일이지 자기만족을 위해서가 아니다.

나는 그렇기 때문에 오히려 인간은 존엄하다고 생각한다. 남들보다 뛰어나다고, 남들한테 도움이 된다고 존엄해지지는 않는다. 지금, 이 순간을 살아가고 있다는 것 자체에 인간의 존엄이 있다.

고통의 원인을 이해해도 왜 그런 불운이 하필 내게 일어났는지 부조리는 그대로 남는다. 나는 그런 형벌을 받을 만한 잘못을 저지르지 않았다. 세상은 부당한 고통의 세월을 보상해주지 않는다. 그것이 인생이다. 그 인생을 나는 뚜벅뚜벅 걸어가며 살아낼 것이다. 거기에 나의 존엄이 있다.

고통 속에서도 분노와 슬픔에 잠기게 된 원인에 대해 의문을 품고 이 책을 읽는 여러분의 모습에서 나는 인간의 존엄을 발견한다. 나 또한 끊임없이 배우면서, 내 몫의 고통을 감당하면서 계속 살아가려 한다.

부모와 자녀 사이 문제는 정신과 내원자들이 늘 이야기하는 주제다. 지금까지 유튜브에 올린 영상 1,000개 안에서도 이 문제에 대해 참 많은 이야기를 나누었지만, 단번에 본질에 다가갈 기회는 좀처럼 없었다. 동영상에서는 일반적인 차원의 이야기를 뛰어넘기 어려워, 진료실에서처럼 환자 개개인의 진실에 이르기 어렵다.

결론부터 말하면 부모와 자녀는 개별적인 존재다. 서로 깊이 얽혀 있는 부모와 자식을 어느 한쪽이 망가지지 않게 성공적으로 분리해내는 작업에 대해 잘 정리해서 설명하고 싶었다. 발달장애나 여러 정신 질환 문제를 포함해서 총체적으로 다루고 싶다는 생각을 예전부터 해왔다. 이 책은 그렇게 해서 태어났다.

아직 자신에게 일어난 일들을 소화하는 중이라 '다른 사람의 사례는 공감이 가지만, 내게도 통할까?' '책을 읽으면서 계속 부모가 했던 일이 머릿속에 떠올라 기분이 나빠졌어'라고 느끼더라도 여기까지 읽으면서 습득한 지식은 조금씩 자신을 변화시키는 데 보탬이 될 것이다.

사람들이 알아두면 유용한 정신의학 지식은 이 밖에도 참 많이 있다.

이 책은 '입구'다. 부모와 자녀 사이에 벌어지는 각종 문제와 관련 질환에 대해, 실제 정신과 진료가 이루어지는 과정에 대해 자세하게 쓴 책이지만, '우리 부모님 얘기잖아' '내가 아직 알아차리지 못한 게 더 있지 않을까'라고 생각한다면 더 깊게 알 수 있도록 좀 더 세분화된 정신의학 관련 서적을 읽어보길 권한다.

지식은 선택을 돕고 건강한 삶을 살게 해준다. 과거의 사람들은 각종 시행착오를 겪으며 우리가 방황을 덜 하도록 방대한 기록을 남겨주었다. 이렇게 생각하면 마음이

따스해지지 않는가.

정신의학에 대한 지식은 나 자신이 가족, 사회 그리고 이 시대 안에서, 어떤 자리에 있고, 타인 특히 부모 및 다른 가족과 어떻게 지내면 좋은지 알려주는 귀중한 선물이다.

그러나 지식이 많아진다는 것이 '더는 헤매지 않게 된다'는 의미는 아니다.

부모와 자녀 사이 문제뿐만이 아니라 인생의 선택에는 정답이 없기 때문이다.

좋은 선택을 하기란 무척이나 어렵다. 음식점을 창업할 때 맛집으로 유명해질지 알 수 없듯, 성공이 보장된 음악이나 영화가 없듯이, 그런대로 괜찮아 보이는 답만 있을 뿐이다. 우리는 일상에서도 고작 신발 하나 산 후 집에 와서 마음이 바뀌었을 때 '실패했다'고 한다. 인생의 선택 역시 성공과 실패의 반복이다.

이런저런 고민도 해보고 헤매면서 한 걸음씩 나아가고 또 그 결과를 받아들이면 그것으로 충분하다고 나는 생각한다.

　근사하지만은 않은 인생, 완벽할 리 없는 나 자신을 편
안한 마음으로 받아들이자. '뭐, 어쩌겠어' 하며 자연스럽
게 받아들일 날이 언젠간 오기를 진심으로 기원한다.

옮긴이 명다인

중앙대학교에서 무역학과 일본어문학을 전공했다. 무역회사에서 수출입과 통번역 업무를 담당하며, 책 번역의 꿈을 키웠다. 현재 번역 에이전시 엔터스코리아 출판기획자 및 일본어 전문 번역가로 활동하고 있다. 역서로『인상의 심리학』『내가 바퀴벌레를 오해했습니다』가 있다.

관계의 원형, 상처의 근원인 부모 이해의 심리학

어린 시절의 부모를 이해하는가

1판 1쇄 발행 2023년 9월 25일

지은이 마스다 유스케
옮긴이 명다인
펴낸이 백지선
마케팅 용상철
인쇄   도담프린팅

펴낸곳 또다른우주
등록   제2021-000141호(2021년 5월 17일)
전화   02-332-2837
팩스   0303-3444-0330
블로그   blog.naver.com/anotheruzu

ISBN 979-11-93281-01-7 03180

* 잘못 만든 책은 구입처에서 바꾸어 드립니다.
* 이 책의 전부 또는 일부를 이용하려면 저자와 또다른우주 양쪽의 서면 동의를 받아야 합니다.

여러분의 투고를 기다리고 있습니다.
기획 아이디어와 원고가 있으신 분은 anotheruzu@naver.com으로 연락주십시오.